GIANCARLO BARBARISI

C-FACTOR

Il Fattore Decisivo Per Finanziare e Far Crescere La Tua Impresa, In Modo Veloce e Con Un Business Plan Vincente®

Titolo

"C-FACTOR"

Autore

Giancarlo Barbarisi

Editore

Bruno Editore

Sito internet

http://www.brunoeditore.it

Sommario

Chi è Giancarlo Barbarisi

Probabilmente, leggendo la copertina di questo libro, ti sarà venuta in mente una domanda immediata: *"C-Factor? E che cos'è?"*. E, probabilmente, chissà a cosa avrai pensato o starai pensando... Prima di svelarti cos'è, davvero, questo "C-Factor", credo sia giusto dirti la cosa più importante: questo libro è dedicato a tutti quegli imprenditori, aspiranti imprenditori e a tutti quegli startupper che hanno avuto un'idea di business e stanno cercando i soldi per trasformarla in realtà, in qualcosa di operativo, che produce valore.

Oltre a loro, questo libro è dedicato anche a tutti quei consulenti d'impresa e a tutti quei responsabili della funzione "finanza" i quali, ogni giorno, sono chiamati a risolvere uno degli aspetti più intricati della gestione aziendale: la ricerca (e l'ottenimento) dei finanziamenti necessari per garantire la nascita, la crescita e lo sviluppo delle imprese per le quali lavorano.

Come avrai sicuramente capito, in questo libro ti parlerò di

finanziamenti alle imprese e delle opportunità semisconosciute che il mercato dei capitali mette a disposizione degli imprenditori italiani per far nascere, crescere e sviluppare le loro aziende. Ma non solo. Ti parlerò anche delle "leggende metropolitane" che girano intorno a questo argomento e sfaterò le tante chiacchiere che vengono messe in giro da chi, di solito, ha poca competenza in materia e non sa di cosa parla.

Il "C-Factor" è disseminato in ogni paragrafo di questo libro anche se lo cito chiaramente una volta sola. Mano a mano che continuerai a leggere le pagine che seguono, inizierai a capire la cosa più importante: *il "C-Factor" è davvero il fattore decisivo in grado di aumentare tantissimo le probabilità di ottenere un finanziamento per la tua impresa!*

Sono certo di una cosa: quando avrai finito di leggere questo libro anche di fronte a te si spalancheranno orizzonti fino a poco tempo prima sconosciuti e anche tu avrai la possibilità di capire che il "C-Factor" è davvero la "differenza che fa la differenza" tra l'ottenere un finanziamento per la tua impresa e il non ottenerlo.

E adesso, mentre stai leggendo quello che ho scritto, probabilmente ti è venuta in mente la seconda domanda: «*Ma tu, chi sei per dire queste cose?*» Io sono Giancarlo Barbarisi e, da quando avevo i famosi "calzoni corti", respiro aria di impresa, di imprenditori, di idee, di progetti, di investimenti e... di finanziamenti.

Già da ragazzo, in estate, accompagnavo mio padre in giro per le aziende di tutta Italia a fare sopralluoghi, visite e riunioni interminabili con imprenditori, Direttori Generali, Amministratori Delegati, responsabili vendite e personaggi del genere. Lo ammetto: all'epoca non ci capivo niente e trovavo tutte quelle riunioni terribilmente noiose. C'era chi parlava di "sviluppo", chi di "crescita economica", chi di "opportunità di mercato". Qualcun altro, poi, usava parolacce a me totalmente sconosciute, come "piano industriale", "piano degli investimenti", "finanziamenti agevolati", "fondo perduto", "fattibilità" e compagnia bella.

Insomma, per un ragazzino di quindici anni, una noia mortale! Era indubbiamente più divertente giocare a pallone con gli amici della comitiva sotto casa, anche se gironzolare per quelle aziende insieme a mio padre mi affascinava, mi incuriosiva e mi stimolava.

Girando per aziende ho avuto la possibilità di vedere in diretta i processi produttivi dei prodotti che troviamo, ogni giorno, intorno a noi: scarpe, vestiti, mozzarelle, pomodori pelati, olio, pasta, biciclette, lavatrici, dolci, acque minerali, birra, prosciutti, oggetti per l'arredamento della casa, mobili per ufficio e via dicendo. Tutto ciò mi affascinava e mi rapiva, rimanevo letteralmente incantato a osservare come, da una materia prima, fosse possibile ottenere un prodotto finito. A diciotto anni, avevo praticamente girato tutta Italia e conoscevo più o meno tutte le principali città italiane, da Nord a Sud, "isole comprese", come si dice...

Ma, nonostante tutto, c'era qualcosa che mi sfuggiva, del lavoro di mio padre. Non riuscivo a cogliere il senso generale di quello che faceva, il perché di tutte quelle riunioni, il senso di tutti quei fogli rilegati che contenevano una marea di pagine scritte e una quantità di numeri (incomprensibili) esorbitante! Ricordo ancora quando, un giorno, gli chiesi: «Pa', ma che lavoro fai esattamente?» La sua risposta fu tanto semplice quanto illuminante «Faccio prendere i soldi agli imprenditori per sviluppare le loro attività» Ecco come, con una sola e semplice risposta, mi si è aperto un mondo.

Parole come "investimenti", "finanziamenti", "piani di sviluppo", "Ministero dell'Industria" e "Cassa del Mezzogiorno" iniziarono ad avere un senso completamente diverso e anche una loro logica. «Faccio prendere i soldi agli imprenditori per sviluppare le loro attività». Questa è la stessa risposta che do io, adesso, quando qualcuno mi chiede: «Giancarlo, ma tu, esattamente, che lavoro fai?» Proprio per questo motivo, sono stato soprannominato *"l'uomo da 140 milioni di euro"* perché questa è la somma dei finanziamenti che sono riuscito a far prendere alle aziende mie clienti in questi ultimi vent'anni.

Terminata la scuola, ho continuato a lavorare con mio padre mentre, nel frattempo, mi ero iscritto alla facoltà di Economia e Commercio alla "Sapienza" di Roma. Anche in questo caso, ti dirò la verità: non mi è mai piaciuto troppo studiare. Ho sempre trovato assolutamente noiose tutte quelle teorie e tutte quelle "chiacchere inutili" contenute nei testi universitari.

Voglio dire... io sono uno pratico, uno che, quando si trova di fronte a qualcosa di teorico, ne cerca il senso pratico, la concreta applicazione. *A che mi serve questa cosa? Come si usa quest'altra?*

Erano queste le domande che mi ponevo ogni volta che stavo di fronte a quei fiumi di parole che, secondo me, erano inutili e avevano il solo scopo di confondere le idee ai poveri studenti universitari come me. Avevo l'impressione di stare di fronte a discussioni teologiche sul sesso degli angeli. In molti casi, una noia infinita.

Comunque, al di là delle personali polemiche nei confronti del sistema formativo italiano, e al di là di qualche bocciatura a qualche esame, mi sono laureato in Economia e Commercio. Ovviamente, tutti gli esami che avevano a che fare con l'economia aziendale, il management d'impresa, la finanza aziendale, il controllo di gestione, il marketing e cose simili li ho divorati in un attimo. L'esperienza che nel frattempo avevo accumulato lavorando con mio padre e parlando personalmente con gli imprenditori e ascoltando le loro parole, me la sono rivenduta in più di un'occasione.

Qualche tempo dopo la laurea, una delle più prestigiose scuole di management di Roma mi inviò una lettera per invitarmi a fare un "entry test" per partecipare a un master di specializzazione postlaurea in finanza d'impresa. I docenti erano tutti professori universitari di prim'ordine, tutti "nomi grossi". Era il 1998 e il costo del master era di sette milioni e mezzo di lire. Uno sproposito, per l'epoca. Loro lo sapevano e, proprio per questo, avevano messo in palio quattro borse di studio per i più meritevoli. Una di quelle borse di studio l'ho vinta io. Anche in quel caso, l'esperienza passata accanto agli imprenditori negli anni precedenti si rivelò preziosa.

Alla fine del master, ricordo ancora le parole che ci disse il professor Giovannini: *«Ragazzi, voi avete un compito molto importante e altrettanto arduo: dovete portare la cultura d'impresa all'interno delle imprese»*. Non ho mai dimenticato quelle parole al punto che, negli anni successivi, sono diventate la "vision" della mia azienda e il motivo per il quale tu, in questo momento, stai leggendo queste righe.

Dopo quel master ne ho seguito un altro, perché volevo approfondire le tecniche di controllo di gestione. Per motivi che racconterò in un'altra sede, e che hanno segnato il corso della mia vita, mi ero appassionato a tutto ciò che ha a che fare con la gestione della finanza aziendale. Avevo capito che la cosa più importante in un'azienda è una sola: i soldi. Sì, lo so che quelli del marketing adesso si arrabbieranno perché non sono d'accordo con questa affermazione e saranno subito pronti a dire che *"se non fai marketing l'azienda è destinata al fallimento"*. Da una parte, cari colleghi del marketing, sono anche disposto a darvi ragione. Prima, però, dovete rispondere a questa domanda: *E se un'azienda non ha i soldi per "fare marketing", come la mettiamo?* Non la mettiamo, questa è la verità.

Ecco perché io dico sempre che la "questione soldi" arriva prima di quella "marketing" e di qualsiasi altra. Senza soldi, le imprese (e non solo loro) possono fare poco, perché un'azienda, senza soldi, non funziona. Non può studiare i mercati. Non può produrre prodotti e non produce valore. Quindi fallisce. Questo accade perché *i soldi sono la linfa vitale di qualsiasi impresa.*

Reperire le "risorse finanziarie", cioè i soldi, è l'aspetto fondamentale per gestire qualsiasi impresa, per realizzare qualsiasi progetto, per dare luce a qualsiasi prodotto o servizio. Non importa se questi soldi arrivano da una banca, da un finanziamento pubblico, da un finanziatore privato, da un'eredità, da politiche di crowdfunding, da un amico, da un parente o dal biglietto vincente della lotteria. Quello che conta è che i soldi, cioè quelli che tecnicamente si chiamano "finanziamenti", trovino la strada giusta per arrivare nelle casse dell'azienda. Questa è la finanza aziendale.

Quando parlo di finanza d'impresa la maggior parte dei miei amici, delle persone comuni e degli imprenditori mi guardano male: sono convinti che si tratti di una cosa complicata, difficile da capire e distante da loro. Niente di più sbagliato! Come dico sempre, *la finanza è una cosa facilissima, un qualcosa che facciamo tutti quanti, ogni giorno, senza nemmeno rendercene conto*. E, mentre continuerai a leggere questo libro, scoprirai il perché.

Per realizzare l'obiettivo che ci aveva dato il professor Giovannini alla fine del master in finanza aziendale, ho intrapreso la carriera di formatore professionista. A dire il vero, avevo iniziato a trasferire competenze già quando, appena diplomato, avevo dato le mie prime "ripetizioni". Mi sembrava un ottimo modo per guadagnare bene lavorando poco. Fin da subito avevo capito che la natura mi aveva fatto un regalo preziosissimo: la capacità di spiegare in modo semplice concetti complessi. Proprio per questo, ho fatto mia una frase di Bruce Lee che sta scritta in ognuno degli ebook che, da dieci anni, vendo dal mio sito web:

> *"La formazione, al suo punto più alto,*
> *porta sempre alla semplicità".*
> (Bruce Lee)

Ecco perché detesto tutti quei libri e quei manuali che, per spiegare una cosa semplice, usano termini complicati, parole incomprensibili e frasi contorte. Tutto può essere ridotto al minimo, a un concetto elementare. Basta solo saperlo fare.

Ho iniziato a dare ripetizioni, nel 1989, a colui che, molti anni dopo, sarebbe diventato il commercialista della nostra azienda. Enrico è stato il mio primo "cliente" e a lui devo la mia carriera di formatore che, negli anni, mi ha regalato tantissime soddisfazioni e risultati straordinari. Dopo Enrico, ho aiutato centinaia di studenti delle scuole superiori e universitari che mi hanno chiesto aiuto per capire le cose, oltre che per superare gli esami.

Dopo gli studenti universitari, sono passato velocemente alla formazione per gli imprenditori. Al tempo stesso, la collaborazione con mio padre era arrivata al capolinea a causa di alcune incomprensioni e alcuni dissapori che, nel tempo, non si sono risolti. Nel 1998 mi sono staccato da lui per iniziare la mia carriera da "solista" come formatore e consulente d'impresa free-lance nel settore dei finanziamenti alle imprese. Appena trentenne, potevo vantare già una decina d'anni di esperienza, una laurea in Economia e Commercio e due master di specializzazione. Senza contare il fatto che, lavorando con mio padre, avevo già scritto decine e decine di "piani industriali" per conto di altrettanti imprenditori che dovevano reperire le "risorse finanziarie" per far nascere o sviluppare le loro aziende.

Nel 1999 arrivò l'occasione giusta: fui contattato da un ex dirigente di una multinazionale che si era messo in proprio e che aveva contatti con il mondo dell'editoria specializzata nella consulenza alle PMI italiane. È stato grazie a lui che ho potuto pubblicare alcuni articoli su «PMI» e «Amministrazione e Finanza», le due riviste più prestigiose nel settore delle PMI, edite da IPSOA.

L'articolo più importante che ho pubblicato si intitolava *Il Business*

Plan si fa così e, tutt'ora, ne conservo una copia nel mio ufficio al centro di Roma, come se fosse una reliquia. Era il novembre del 1999 e avevo solo 31 anni. Dopo quella collaborazione, capii che era arrivato il momento di fare il "grande salto". Però, per fare le cose nel modo in cui mi stavano frullando per la testa, avevo bisogno di un socio.

Come fa quasi chiunque, quando vuole avviare un'attività, mi rivolsi ad alcuni amici. Quasi tutti si mostrarono entusiasti della mia idea ma, purtroppo, mi scontrai con il proverbio che recita «*Tra il dire e il fare c'è di mezzo il mare*». Nel momento in cui fu necessario passare dalle parole ai fatti, ognuno di loro mi disse di avere qualche difficoltà che gli impediva di "fare qualcosa insieme".

Non mi persi d'animo e continuai a tenere viva la voglia di trasformare quell'idea in qualcosa di concreto: dopotutto, io ero lo specialista in tecniche di redazione del business plan e non concepivo nemmeno lontanamente l'idea di non riuscire a "vendere" la mia idea a qualcuno! La risposta arrivò di lì a breve. Nel 2000, mentre lavoravo come formatore per conto di un'Università, incontrai Paola, che faceva il mio stesso lavoro. Lo ammetto (e lei lo sa): all'inizio non la sopportavo proprio! Però, le presentai la mia idea di business e la convinsi. Dopo circa un anno andammo dal notaio e costituimmo la nostra prima società che, dopo diciotto anni, è ancora sul mercato.

In questi ultimi diciotto anni, abbiamo ottenuto risultati davvero straordinari, sia nel settore della consulenza alle imprese sia in quello della formazione: siamo stati partner professionali di aziende private, Enti Pubblici e istituzioni, sia nel settore della consulenza alle imprese sia nell'ambito della formazione professionale. Siamo diventati docenti accreditati presso la Regione Lazio per l'insegnamento delle materie economico-finanziarie per la gestione d'impresa.

Nel 2004 siamo diventati partner professionali di Federlazio, l'Associazione di Piccole e Medie Imprese più importante della Regione Lazio. Durante questa partnership, ho tenuto anche un ciclo di convegni di fronte al gotha dell'imprenditoria laziale. Gli argomenti trattati nei convegni erano la finanza aziendale, il controllo di gestione, il marketing e, ovviamente, le tecniche di redazione del business plan. Avevo trentasei anni ed ero considerato uno dei maggiori esperti in fatto di pianificazione di business in circolazione.

L'anno dopo, siamo diventati partner professionali dell'IRFI, l'Istituto Romano di Formazione Imprenditoriale, l'azienda speciale della Camera di Commercio di Roma che eroga servizi di formazione per gli imprenditori. Oggi si chiama Formacamera e, insieme, abbiamo organizzato decine di workshop e corsi specialistici sulle tecniche di redazione del business plan e sulle modalità operative necessarie per ottenere i finanziamenti pubblici e bancari.

Nel frattempo, siamo stati consulenti di un numero imprecisato di imprese private che chiedevano finanziamenti al settore bancario e al settore pubblico nell'ambito dei famosi "finanziamenti pubblici" gestiti dal Ministero dello Sviluppo Economico e dalle varie Società Finanziarie Regionali di Sviluppo.

Il 2009 fu l'anno della "svolta". Internet non era ancora quello che è oggi e noi abbiamo voluto fare una scommessa: mettere in rete tutte le nostre conoscenze per perseguire quella vision che il professor Giovannini mi aveva messo nella testa alla fine di quel master in finanza aziendale: «Dovete portare la cultura d'impresa all'interno delle imprese».

Da circa dieci anni, **businessplanvincente.com** è il sito web di riferimento, a livello nazionale, per chiunque desideri apprendere le tecniche di gestione aziendale e per tutti coloro che vogliono scrivere il business plan della loro idea imprenditoriale. Migliaia di imprenditori, aspiranti imprenditori, startupper e professionisti ogni giorno navigano il nostro sito alla ricerca di formazione, delle informazioni necessarie per capire come si fa un business plan e per avere informazioni sui bandi pubblici di finanziamento per le imprese.

Ogni giorno, decine di imprenditori ci contattano per sapere se e come possono partecipare a qualche bando pubblico di finanziamento al fine di ottenere i soldi necessari per lo sviluppo e la crescita delle loro aziende. Ogni giorno, decine di imprenditori ci contattano per sapere cosa devono fare per ottenere credito dal sistema bancario e finanziario, in generale. Per questo motivo sono stato soprannominato *"l'uomo da 140 milioni di euro"*, poiché questa è la cifra che, in questi ultimi vent'anni, sono riuscito a far finanziare alle imprese mie clienti grazie al "Business Plan Vincente®", il metodo per scrivere il business plan di un'idea imprenditoriale che ho decodificato e testato centinaia di volte negli anni.

Io stesso ho usato ben sette volte il "Metodo Barbarisi" per chiedere i soldi per la mia impresa: cinque volte li ho chiesti alla mia banca e altre due li ho chiesti a due diverse Pubbliche Amministrazioni. E indovina un po' quante volte me li hanno dati? Come ho detto durante il "Business Plan Day 2018", di fronte a una platea di imprenditori e a una telecamera: «I casi sono solamente due: o io sono Dio, ma non mi sembra, visto che sono fatto di carne e ossa, oppure c'è qualcosa che io so e che gli altri non sanno». Quel *qualcosa che io so e che gli altri non sanno* è condensato nel libro che stai leggendo in questo momento ed è proprio il "C-Factor" di cui ti sto parlando.

In questi ultimi dieci anni, più di quindicimila clienti soddisfatti hanno acquistato i manuali e i videocorsi di formazione imprenditoriale che sono in vendita dalla pagina "Formazione per Imprenditori" di businessplanvincente.com. Nel 2017, ho pensato che fosse arrivato davvero il momento di realizzare quella vision che mi ha trasferito il professor Giovannini al master di finanza aziendale: portare la cultura d'impresa all'interno delle imprese.

Ed è per questo motivo che adesso stai leggendo "chi sono" e stai per leggere questo libro. Al suo interno ho trasferito l'esperienza di una vita professionale passata accanto agli imprenditori al fine di aiutarli a ottenere i finanziamenti necessari per creare e far crescere le loro imprese. Il "C-Factor" è in questo libro. Adesso sta a te scoprirlo, metterlo in pratica e ottenere quello di cui hai bisogno. Buona lettura.

Giancarlo

Introduzione

> I soldi per lo sviluppo delle imprese del nostro
> Paese ci sono. E ce ne sono anche tanti.
>
> Giancarlo Barbarisi

«Ma perché, tu ancora credi a tutte 'ste cazzate?» Era visibilmente arrabbiato, quando me lo ha chiesto. Pierfrancesco, detto Chicco, è un imprenditore. Come te. Come me. Solo che lui ci è rimasto fregato.

Siamo amici da quarant'anni e siamo cresciuti insieme. Lui è un "figlio d'arte", uno di quegli imprenditori che hanno ereditato l'impero costruito dal padre. La loro azienda opera nel settore della grafica e, fino a qualche anno fa, stampava i cartelloni "6x3" che venivano utilizzati per pubblicizzare i film che, da lì a poco, sarebbero entrati nelle sale cinematografiche. Oltre ai manifesti per i film, stampava anche i cartelloni pubblicitari per le grandi aziende che volevano pubblicizzare i loro prodotti e i cartelloni per i politici che, sotto elezioni, mostravano il loro bel faccione per attirare voti.

Oltre ai "6x3", ovviamente, stampava anche altro. L'azienda andava a gonfie vele. I soldi giravano che era un piacere. Poi, il cambiamento improvviso: un provvedimento di legge ha vietato i "6x3" per il rispetto del decoro urbano e ambientale su tutto il territorio nazionale. Di conseguenza, in pochissimo tempo, i "6x3" sono spariti dalle nostre città e l'azienda di Chicco ha perso più del 60% del suo fatturato, visto che la stampa dei "6x3" era il "core business" dell'azienda.

Il colpo è stato durissimo, di quelli che mettono in ginocchio anche le aziende più redditizie e meglio gestite. Poco tempo prima, avevano fatto un investimento da cinque milioni di euro per ammodernare e velocizzare i processi di stampa; in tal modo, avrebbero potuto servire una clientela più ampia e moltiplicare il fatturato. Cinque milioni di euro buttati al vento che non sono stati mai più recuperati...

Chicco aveva un problema ma, da buon imprenditore figlio di imprenditori, ha raccolto la sfida e non si è arreso: si è messo a studiare, ha viaggiato per l'Europa e gli Stati Uniti alla ricerca di nuove idee; ha parlato con i suoi colleghi del settore grafico per trovare una soluzione, per capire, per innovare. Poi la svolta è arrivata durante un viaggio in Germania: aveva fatto visita a un'azienda grafica tedesca che, anticipando alcuni tempi, si era riposizionata sul mercato grazie a un'idea innovativa che utilizzava le nuove tecnologie digitali.

In Italia una cosa del genere ancora non c'era e la sua azienda poteva essere la prima a utilizzare queste tecnologie nel settore della grafica. Si è buttato a capofitto nello studio di questo nuovo segmento di business, ha capito che c'era un ottimo mercato da servire e ha trovato una soluzione innovativa. Di fronte a sé, aveva intravisto la possibilità di diventare il leader di questo mercato e di beneficiare degli extraprofitti per un periodo di qualche anno, almeno fino a quando la concorrenza non si fosse adeguata.

Di conseguenza, era necessario fare nuovi investimenti. E, come sa qualunque imprenditore, per fare gli investimenti servono i soldi. Per realizzare la sua idea, Chicco era disposto a tutto. Altrimenti sarebbe stata la sua morte come imprenditore. Aveva fatto due conti ed era arrivato alla conclusione che gli servivano circa due milioni di euro. Sapeva che una parte di quei soldi doveva tirarli fuori dalle sue tasche ma aveva un "piccolo" problema: la sua azienda era sull'orlo del fallimento e la liquidità disponibile per i nuovi investimenti era poca. Praticamente, aveva meno del 30% dei soldi necessari. *«E, il resto, dove lo prendo?»*.

Come fanno quasi tutti gli imprenditori, anche Chicco si è rivolto al consulente di sua fiducia, quello che gestisce i conti della sua azienda da una vita. È andato dal suo commercialista e gli ha chiesto un consiglio sul da farsi. «Ho sentito dire che ci sono alcuni finanziamenti pubblici che lo Stato eroga per lo sviluppo di nuove idee imprenditoriali e che, secondo me, potrebbero fare al caso tuo», gli ha risposto il commercialista. Subito dopo ha aggiunto: «Dovrebbero esserci alcuni finanziamenti a fondo perduto cioè soldi che lo Stato ti regala per realizzare la tua idea».

«Davvero? Mi stai dicendo che lo Stato mi regala i soldi per realizzare la mia idea? Ma è fantastico!» gli ha risposto Chicco prima di aggiungere. «E cosa devo fare per prendere questi soldi?» «Devi fare solo una specie di domanda e poi bisogna aspettare la risposta. Ci vuole un po' di tempo, ma il risultato è garantito!» gli ha risposto con una certa sicurezza il commercialista. «Ma non posso chiedere alla banca? Dopotutto, siamo clienti da una vita e i soldi ce li darà sicuramente», ha aggiunto Chicco.

«Sì, puoi anche andare a chiederli alla banca, per carità. Puoi provarci, ma lo sai come funziona, vero? C'è la crisi, non girano soldi, la tua azienda non è più solida come lo era fino a poco tempo fa. E poi le banche hanno chiuso i rubinetti. Non si fidano più degli imprenditori, il clima di incertezza è totale. Non danno più un euro nemmeno a chi ce l'ha. Se andiamo avanti così, qui chiude il paese e andiamo tutti in bancarotta. Fidati, chiediamo un bel finanziamento pubblico e tutto filerà liscio» fu la conclusione del commercialista.

«Va bene, dai. Proviamo con questi finanziamenti pubblici e vediamo che succede» ha riposto Chicco perplesso e, allo stesso tempo, speranzoso. Aveva voglia di realizzare la sua idea ed era disposto (quasi) a tutto pur di farcela. Non sapeva di cosa stesse parlando il suo commercialista, non aveva mai sentito parlare di "finanziamenti pubblici", di "fondo perduto", di "pianificare il business" e cose del genere, ma aveva deciso di percorrere ugualmente quella strada: aveva capito solamente che lo Stato lo avrebbe aiutato con questi "finanziamenti pubblici" e tanto gli bastava.

Ora, prima di raccontarti com'è andata a finire, vorrei che tu capissi una cosa fondamentale. Il nocciolo di quello che sto per dirti non riguarda il mio amico Chicco e la sua ignoranza in materia di finanziamenti pubblici e/o finanziamenti bancari. Chicco, come tantissimi imprenditori, pensava a fare il suo lavoro, cioè l'imprenditore nel settore della grafica. Di conseguenza ci può anche stare che non avesse le informazioni per capire come si fa a ottenere un finanziamento pubblico.

Quello che non ci può stare, invece, è ciò che sto per dirti: il nocciolo della questione sta proprio nel suo commercialista, che "aveva sentito dire" che c'erano questi finanziamenti pubblici e aveva suggerito a Chicco di percorrere questa strada per trovare i soldi necessari a realizzare la sua idea e salvarsi. "Tanto bisogna fare solo una specie di domanda e aspettare la risposta", gli aveva detto.

È un po' come se avessi "sentito dire" che vicino Roma c'è una cava dalla quale è possibile estrarre oro e suggerissi a un mio cliente di investire due milioni per provare a estrarlo. È così che nascono le leggende metropolitane, ossia «storie insolite e inverosimili, trasmesse oralmente, che, a un certo punto della loro diffusione, ottengono larga eco nei media, con ciò ricevendo una qualche patente di credibilità» (Cit. Wikipedia).

«Bisogna solo fare una specie di domanda e aspettare la risposta», aveva detto il commercialista a Chicco. Eh no! Quando c'è di mezzo la realizzazione di un'idea imprenditoriale e il futuro di un'azienda, non si può procedere per tentativi o per "sentito dire", oppure limitarsi a fare solamente "una specie di domanda". E non si può nemmeno procedere affidandosi alla fortuna e sperare che tutto vada bene. Occorre sapere bene *cosa* si deve fare e, soprattutto, *come* deve essere fatto. Non si può "provare" a percorrere una strada senza conoscere quella strada e, soprattutto, le insidie che nasconde in ogni metro. Perché il rischio di cadere in una buca e di spaccare la macchina è decisamente alto. Troppo alto.

Arrivo al dunque: Chicco fece la famosa "specie di domanda" per ottenere il finanziamento pubblico e si mise, pazientemente, ad aspettare la risposta. Che è arrivata dopo circa otto mesi, il tempo necessario all'Ente Pubblico per fare l'istruttoria. Secondo te, com'è andata a finire? Nel suo linguaggio burocratico, freddo, distante e semi incomprensibile (per chi non lo conosce), l'Ente Pubblico che gestiva l'erogazione di questi finanziamenti comunicò al mio amico: «La domanda di finanziamento non è stata accolta per mancanza dei *requisiti di accesso*». Il che, tradotto, significa che Chicco e la sua azienda non potevano nemmeno chiedere quel finanziamento perché non avevano i requisiti per partecipare. Figuriamoci se lo potevano ottenere!

I "requisiti di accesso" a un bando di finanziamento per le imprese sono uno degli aspetti essenziali che occorre conoscere prima di presentare una domanda di finanziamento pubblico e, nelle prossime pagine, ti dirò quali sono e perché sono così importanti. I "requisiti di accesso" funzionano un po' come il "dress code" per entrare a una festa: chi l'ha organizzata impone alcune condizioni per poter partecipare. Quindi può decidere di imporre l'abito lungo per le donne, lo smoking e le scarpe di vernice nera per gli uomini.

Nessun colore sgargiante, nessuna scollatura prorompente, niente minigonne mozzafiato, niente acconciature strane e niente tacchi vertiginosi o roba del genere. Chi organizza il party stabilisce le regole per entrare; non importa se le regole sono "giuste" oppure no, se ti piacciono oppure no. Se vuoi entrare, le devi rispettare. Altrimenti resti fuori. Punto.

Allo stesso identico modo, *ogni bando pubblico di finanziamento per le imprese prevede delle regole per poter partecipare al bando e chiedere il finanziamento.* Queste regole si chiamano proprio "requisiti di accesso". Se ce li hai, bene, puoi partecipare al bando, e chiedere il finanziamento. Se non ce li hai, resti fuori e non puoi nemmeno partecipare. Punto. E se non hai i "requisiti di accesso" per partecipare e, quindi non ti danno il finanziamento, è inutile invocare Dio o chi per lui. Se manca anche uno solo di questi requisiti, non ci sono le condizioni per partecipare al bando, non puoi entrare al party. Semplice.

Nei prossimi capitoli di questo libro, ti parlerò più approfonditamente dei "requisiti di accesso" di un bando pubblico di finanziamento per le imprese, poiché sono la prima cosa che occorre controllare prima di scrivere qualsiasi domanda di finanziamento. Il mio amico Chicco non aveva queste informazioni essenziali sui "requisiti di accesso" e, cosa molto più grave, non le aveva nemmeno il suo commercialista quando gli ha proposto di "fare una semplice domanda e aspettare la risposta".

Che fine hanno fatto Chicco e la sua azienda di grafica? Lui continua a fare l'imprenditore, ma ha cambiato settore: dopo il fallimento della sua azienda di grafica, che fatturava circa dieci milioni di euro all'anno, ha ristrutturato un paio di appartamenti di proprietà e ha aperto due case-vacanza nel centro di Roma. Gli affari vanno bene; a Roma i turisti ci sono tutto l'anno. Il piglio imprenditoriale è sempre lo stesso ma i "numeri" che sta facendo con la nuova attività sono ben distanti da quelli che faceva con l'azienda di grafica.

Ha perso l'opportunità di essere un innovatore nel suo settore perché si sa come vanno certe cose: se cogli al volo l'attimo, diventi il leader del tuo settore e sbanchi il mercato, altrimenti sei costretto a inseguire o a chiudere. Per questo, all'inizio di questa introduzione, ho scritto che Chicco è uno di quegli imprenditori che ci è rimasto fregato. E per questo, quando gli ho parlato di "finanziamenti pubblici" mi ha chiesto, irritato, se io fossi uno di quelli che "crede ancora a tutte 'ste cazzate".

Sì, io ci credo! E sono assolutamente convinto del fatto che, queste, non siano "tutte cazzate", poiché lavoro nel mondo dei finanziamenti alle imprese da più di vent'anni. E se la mia azienda è presente sul mercato da tutto questo tempo, è proprio perché ogni anno aiuto tantissimi imprenditori a ottenere i finanziamenti di cui hanno bisogno per sviluppare le loro aziende e renderle sempre più competitive sui mercati.

Questi imprenditori, a differenza di quello che hanno fatto Chicco e il suo commercialista, si affidano a me perché sanno che, quando faccio qualcosa, non la faccio perché "ho sentito dire che..." ma perché conosco gli aspetti di questo lavoro che la maggior parte delle persone non sa nemmeno che esistono.

Il mondo dei finanziamenti alle imprese, infatti, "nasconde" delle vere e proprie opportunità per quegli imprenditori che sanno *cosa* devono fare e *come* devono farlo per far arrivare i soldi alle loro aziende. Ma queste opportunità diventano delle vere e proprie insidie nel momento in cui un imprenditore (o il suo consulente) non sa che pesci prendere per fare arrivare soldi "freschi" alla sua impresa.

Ecco perché questo libro è dedicato a tutti quegli imprenditori che hanno nuove idee di business, hanno bisogno di soldi per realizzarle, ma non conoscono le opportunità offerte dal mercato dei finanziamenti. È un libro dedicato a tutti quegli imprenditori convinti che, per ottenere un finanziamento (pubblico o privato che sia), sia sufficiente fare "una semplice domanda" e aspettare la risposta. Questo libro è dedicato a tutti quegli imprenditori convinti che per ottenere un finanziamento pubblico sia necessario avere il famoso "santo in paradiso" senza il quale nulla è possibile.

Infine, questo libro è dedicato alle centinaia di imprenditori miei clienti che, negli ultimi vent'anni, sono riusciti a realizzare le loro idee di business proprio grazie a un finanziamento ottenuto partecipando a un bando pubblico, oppure facendo una domanda di finanziamento alla loro banca.

Per agevolare la lettura, ho diviso questo libro in tre macro-sezioni:

- **sezione 1**: parla delle dinamiche da conoscere per aumentare le probabilità di ottenere un finanziamento pubblico per la tua impresa;

- **sezione 2**: affronta gli aspetti essenziali che occorre rispettare per aumentare le probabilità di ottenere un finanziamento bancario;

- **sezione 3**: riguarda le tecniche di redazione del business plan, lo strumento necessario e fondamentale per ottenere un finanziamento pubblico o bancario.

Dopo aver letto questo libro, sono sicuro che anche a te si apriranno orizzonti un tempo sconosciuti e anche a te si presenterà l'opportunità di utilizzare a tuo vantaggio gli strumenti a disposizione di tutti quegli imprenditori che hanno una nuova idea e hanno bisogno di soldi per realizzarla.

PARTE PRIMA
I finanziamenti pubblici alle imprese: Le cose che non sai e quelle che devi assolutamente sapere prima di chiedere un finanziamento pubblico per la tua impresa

Prima di iniziare qualsiasi discorso che riguarda i finanziamenti pubblici alle imprese, e prima di parlare dell'idea di business che ti frulla per la testa già da un po', osserva attentamente questa immagine:

Bella vero? Lo sai cos'è? È l'ultimo "mostro" di casa Lamborghini: la *Urus*. Il progetto per produrre il primo SSUV (Super Sport

Utility Vehicle) dello storico marchio italiano è stato cofinanziato da un "Contratto di sviluppo" da quasi 50 milioni di euro. La Lamborghini aveva un obiettivo: raddoppiare la produzione di automobili e portarla da circa 3.500 a circa 7.000 unità all'anno. Per raggiungere questo obiettivo doveva raddoppiare anche gli spazi dei capannoni di Sant'Agata Bolognese portandoli da circa 80.000 a circa 160.000 metri quadrati.

Inoltre, Lamborghini doveva effettuare nuovi investimenti in Ricerca & Sviluppo al fine di anticipare le tecnologie emergenti nel settore *automotive*, quali la *digitalizzazione*, la *connettività*, l'*ibridizzazione* e la riduzione dei pesi e delle emissioni. La decisione di realizzare il programma di sviluppo presso il sito industriale di Sant'Agata Bolognese rappresenta la chiara intenzione di mantenere l'identità italiana dell'azienda e del marchio in un'unica sede dove siano presenti tutte le funzioni.
Da questi obiettivi e dallo sviluppo di queste idee è nata *Urus*, il primo SSUV targato Lamborghini.

Invitalia (il "braccio operativo" che gestisce alcuni finanziamenti pubblici per conto del MiSE (Ministero dello Sviluppo Economico) ha contribuito alla realizzazione di questo progetto di ricerca industriale e sviluppo sperimentale *con circa 50 milioni di euro!* Cinquanta milioni di euro sono interessanti anche per un'azienda come Lamborghini, credimi.

Lamborghini è solo uno dei tanti esempi di grandi imprese che hanno fatto ricorso ai finanziamenti pubblici per ammodernare le linee produttive, per fare investimenti in Ricerca & Sviluppo e per portare nuovi e più avanzati prodotti sui mercati. Oltre a Lamborghini, infatti, anche imprese del calibro di Telecom Italia, SKY Bet, Pastificio De Cecco, Caffè Kimbo, Ideal Standard e altre hanno potuto realizzare importanti investimenti proprio grazie ai finanziamenti pubblici.

A questo link puoi verificare tutte le imprese che Invitalia ha sostenuto con il Contratto di Sviluppo: https://www.invitalia.it/chi-siamo/area-media/storie.

In questa immagine, invece, è riportata la sintesi dei contratti di sviluppo che Invitalia ha finanziato fino alla data del 1 agosto 2019:

Come puoi vedere, Invitalia ha finanziato 156 grandi imprese per un totale di circa 5,5 miliardi di euro. Grazie agli investimenti realizzati, sono stati creati 77.979 posti di lavoro e, prima che io finisca di scrivere questo libro, questi numeri sono destinati a crescere.

Prima che tu possa pensare qualcosa come «Beh, però stai parlando di Lamborghini, mica di pizza e fichi!» ti anticipo e ti dico subito che questi finanziamenti non li ha presi solo la Lamborghini perché "è la Lamborghini" ma ci sono tantissime altre aziende meno note che hanno potuto effettuare questi investimenti grazie a un intervento pubblico e grazie a progetti di impresa validi, che "funzionano" e che "girano". Se vuoi conoscere un po' di storie di successo, puoi andare direttamente nel sito di Invitalia e verificare: https://www.invitalia.it/cosa-facciamo/sosteniamo-grandi-investimenti/contratto-di-sviluppo.

Molti pensano che sia impossibile riuscire a ottenere questi finanziamenti pubblici a meno che non ti chiami Lamborghini o Telecom Italia, ma la realtà è un'altra: io stesso, con la mia azienda, sono riuscito a ottenere due finanziamenti pubblici per sviluppare due idee di business che mi frullavano per la testa. E io non sono "Lamborghini" bensì una piccola impresa, così come ce ne sono altri milioni, in Italia. Questa premessa te l'ho scritta perché vorrei far passare un concetto tanto importante quanto utile, per un imprenditore:

> *I soldi pubblici per finanziare gli investimenti delle imprese ci sono (e ce ne sono anche tanti). L'unica cosa che c'è da capire è il "come fare per riuscire ad ottenerli"!*

Questo è ciò di cui ti parlerò nella prima parte di questo libro. Questo è quello che stai per leggere. Devo avvisarti, però: per capire fino in fondo "come" anche tu puoi aumentare incredibilmente le probabilità di ottenere un finanziamento pubblico per la tua impresa, dovrai leggere per filo e per segno tutto quello che c'è scritto da questo punto in poi.

Infatti, se salterai qualche parte perché vuoi arrivare direttamente alla fine, avrai difficoltà a capire come funzionano alcuni meccanismi che sottostanno alla concessione di un finanziamento pubblico per un'impresa. Di conseguenza, non riuscirai a capire perché alcune iniziative imprenditoriali vengono finanziate e altre no, a parità di tutte le condizioni.

Bene, è arrivato il momento di passare ai fatti e di capire cosa occorre fare per ottenere un finanziamento pubblico. Prima di procedere, però, devo raccontarti il contesto nel quale viviamo, altrimenti non potrai mai capire quali strategie puoi utilizzare anche tu per ottenere i soldi dai bandi pubblici di finanziamento alle imprese.

Infatti,

> Analizzare e conoscere il **contesto** nel quale si opera
> serve per comprendere le dinamiche che definiscono
> le opportunità e i vantaggi offerti dal contesto stesso.
>
> (G. Barbarisi)

Quello che hai appena letto si può tradurre con un "conoscere le regole del gioco" perché, una volta che le conosci, puoi usarle a tuo vantaggio.

Capitolo 1:
La competitività del "Sistema Europa"

Come ho appena scritto, prima di entrare nei dettagli dei bandi pubblici di finanziamento per le imprese, è necessario capire come sono nati questi bandi, perché esistono, come "funzionano" e quali obiettivi hanno. È necessario, cioè, capire il contesto in cui operano.

Te lo dico subito: le prossime pagine che leggerai non le ho scritte per "allungare" questo libro. Anzi, ho il problema opposto, quello di accorciarlo. Le ho scritte perché voglio farti arrivare a capire la cosa, forse, più importante che riguarda questi bandi pubblici che fanno arrivare i soldi alle imprese. Sto parlando del **meccanismo dei punteggi** in base al quale un'idea imprenditoriale viene considerata "meritevole" di ottenere un finanziamento pubblico oppure no.

Tradotto, significa che questo meccanismo serve proprio per capire se ti daranno i soldi per la tua idea oppure no in base ai "punti" che accumuli rispondendo a certe domande. Hai presente la famosa battuta che si fa quando si dice: «Quel tizio ha preso la laurea con i punti»? Ecco, mi riferisco a una cosa del genere!

Questo meccanismo assegna dei punteggi ai vari aspetti della tua idea di business in base ad alcuni parametri che sono stati decisi e definiti ai "piani alti". *Più rispetti questi parametri e più alte diventano le probabilità di ottenere il finanziamento* che ti serve per far crescere la tua impresa. Infatti, più "punti" accumuli e più diventa probabile che la tua idea venga finanziata. Quindi: tutto chiaro? Siamo pronti? Via!

Come sai, l'Italia fa parte dell'Unione Europea; proprio per questo, le "regole" per presentare una domanda di finanziamento pubblico per ottenere i famosi "finanziamenti europei" per la tua impresa non dipendono dallo Stato italiano, bensì da Bruxelles, dove c'è la sede della Commissione Europea. Poi, oltre ai finanziamenti europei, ci sono anche altri "finanziamenti nazionali" stanziati con risorse dello Stato italiano e che sono gestiti ed erogati da Enti e Ministeri.

Come ti ho anticipato, non ho la benché minima intenzione di mettere a dura prova la tua pazienza con tutti i regolamenti, le raccomandazioni, le leggi e le Direttive che vengono emanate per "gestire" la vita dei vari paesi che fanno parte dell'UE. Così come non ho la benché minima voglia di annoiarti con tutte le "regole tecniche" con le quali vengono ripartite le risorse (soprattutto i soldi) tra i vari paesi dell'UE. Cercherò, come sempre, di rendere semplici le cose difficili, perché questo è il mio "marchio di fabbrica".

Mi limito a dirti una cosa semplicissima che, probabilmente, già conosci: l'Europa è una specie di "condominio" del quale fanno parte 28 paesi e, per "gestirli" in modo omogeno, servono delle regole di carattere generale da applicare a tutti. Queste regole si applicano a vari settori della vita comune. Il più conosciuto di questi settori è la Moneta Unica Europea, meglio conosciuta come "*euro*", la moneta che tutti usiamo, ogni giorno per regolare le transazioni di acquisto e di vendita.

Oltre alla Moneta Unica, ci sono altri aspetti della vita comune che devono essere "unificati", cioè resi comuni a tutti quelli che partecipano al condominio. Non ti faccio l'elenco completo di questi "aspetti comuni" perché sono troppi e, soprattutto, perché non ci interessano in questa sede. Mi limito a dirti che uno di questi aspetti riguarda le *politiche di sviluppo* dell'Unione Europea perché questo è ciò che ci interessa ed è quello di cui parlerò in questo libro.

Adesso ti chiedo un minimo di attenzione e di seguire questo ragionamento semplicissimo: hai presente gli Stati Uniti d'America (gli USA)? Si tratta di 52 Stati che stanno sotto un'unica bandiera (a stelle e strisce), che usano un'unica moneta (il dollaro) e che si muovono come un "blocco unico" nel mondo. Nel linguaggio comune si dice «Gli Stati Uniti hanno detto...» oppure «Gli Stati Uniti hanno fatto...» o frasi che, quando si rivolgono agli Stati Uniti, iniziano proprio dicendo «Gli Stati Uniti».

Quindi, l'idea che abbiamo tutti è che *gli Stati Uniti* sono un blocco unico e non ci interessa stare a specificare se si tratta del Texas, della California, dell'Ohio o di qualche altro Stato. Quando si parla di Stati Uniti ci si riferisce, sempre, a quell'unica identità, unica e indivisibile, che conosciamo tutti. In questo contesto, ogni singolo

Stato ha il diritto di emanare delle regole sue proprie le quali, però, devono rientrare nell'ambito del rispetto delle regole generali degli Stati Uniti.

In Europa funziona allo stesso modo: ci sono delle leggi di carattere "sovranazionale" che, cioè, devono essere rispettate da tutti quelli che stanno all'interno del condominio. Poi, nell'ambito della gestione della propria vita interna, ogni Stato può continuare a emanare le leggi che ritiene più opportune, purché rimangano nel rispetto delle "regole generali" stabilite dall'Europa.

Fatta questa breve premessa, come probabilmente anche tu saprai, gli Stati Uniti (d'America) sono la prima potenza industriale a livello mondiale. Dopo gli USA c'è la Cina che, con i suoi prodotti, ha praticamente invaso i mercati di tutto il mondo e sta facendo competizione anche agli Stati Uniti. Alcuni dati statistici dicono che la Cina ha addirittura superato gli USA nell'ambito della produzione ed erogazione di beni e servizi a livello mondiale.

Ora, indipendentemente da quale delle due superpotenze sia la più forte (perché non mi interessa parlare di politica o di geopolitica), aggiungi un altro dato a quello che ho appena scritto: nel mondo, ci sono altri paesi che si stanno affacciando sui mercati internazionali in modo decisamente "aggressivo". Si tratta di paesi che si stanno facendo largo a gomitate per conquistare questi mercati e per imporre i loro prodotti e servizi. Ovviamente, tutto ciò avviene a discapito di altri paesi che competono in questi mercati.

Di conseguenza, facciamo una considerazione: l'Italia, da sola, non può competere con questi colossi sui mercati internazionali. Però, allo stesso identico modo, anche la Francia, la Germania, la Spagna e tutti gli altri Stati dell'Europa non hanno i mezzi per competere singolarmente con questi colossi sui mercati internazionali. Di solito, infatti, i paesi più forti economicamente vincono sempre su quelli più deboli. Di conseguenza possono imporre i loro prodotti e servizi sui mercati, costringendo i paesi più deboli a una specie di "resa", ad accontentarsi delle posizioni di rincalzo all'interno dei mercati.

Per paesi come l'Italia, la Francia, la Germania e per tutti gli altri paesi europei sarebbe stato difficile fronteggiare singolarmente gli attacchi sui mercati da parte di queste superpotenze. L'idea, quindi, è stata quella di creare un'altra superpotenza in grado di competere contro questi giganti all'interno dei mercati internazionali. Ecco perché è nata l'Unione Europea, in omaggio al detto secondo cui "l'unione fa la forza".

Ora, so benissimo che, se qualche tecnico "esperto" di Europa ha finito di leggere queste righe, oltre a dirmi che sono un ignorante in materia, mi denuncia per "oltraggio all'Unione Europea" o per qualche altro reato collegato! Ma l'obiettivo di questo libro non è raccontarti la genesi dell'UE né, tantomeno, parlare di trattati, di Direttive, di politica e leggi varie. *Il primo obiettivo di questo libro è quello di farti comprendere che c'è una marea di soldi messa a disposizione per lo sviluppo delle imprese italiane e che quei soldi arrivano proprio dall'UE.*

Scommetto che l'argomento inizia a interessarti, vero? Bene. Allora devi sapere una cosa: quando si parla di finanziamenti europei, occorre considerare la seguente domanda: "Come si fa a prendere questi soldi messi a disposizione dai Fondi Europei per lo sviluppo delle imprese italiane?" *Il secondo obiettivo di questo libro è quello di aiutarti a capire "cosa" devi fare e "come" devi farlo per aumentare in modo considerevole le probabilità di far arrivare questi soldi anche alla tua impresa.*

Infatti, devi sapere un'altra cosa molto importante e altrettanto drammatica: *la stragrande maggioranza di questi soldi non viene utilizzata e l'Italia spreca, letteralmente, delle opportunità immense per fare sviluppo.* Se non mi credi, leggi questo articolo che è stato pubblicato nella prima pagina de ilFattoQuotidiano.it oggi, 12 luglio 2019, nel momento in cui sto revisionando questo libro:

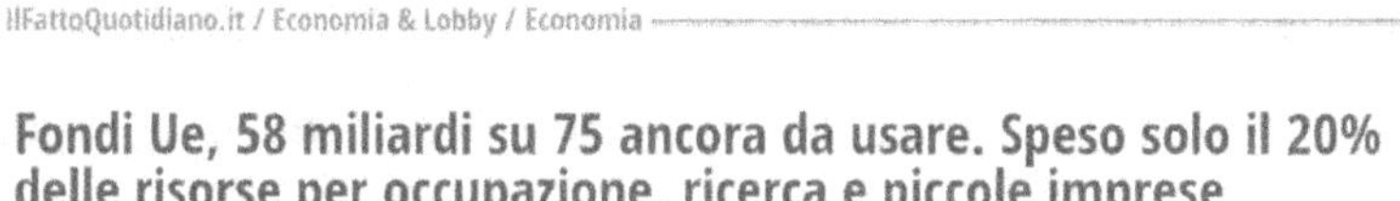

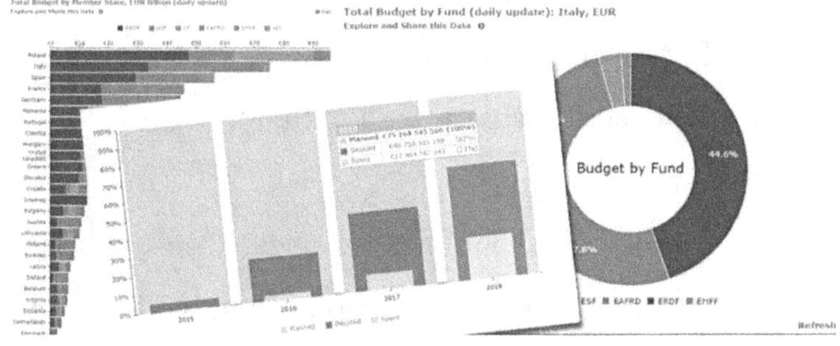

(cfr. https://www.ilfattoquotidiano.it/2019/07/12/fondi-ue-58-miliardi-su-75-ancora-da-usare-speso-solo-il-20-delle-risorse-per-occupazione-ricerca-e-piccole-imprese/5229487/).

Hai letto l'articolo? Se non lo hai fatto, leggilo, ho messo il link per questo. Lo sai cosa significa il fatto che tutti quei miliardi di euro destinati al FESR non siano stati ancora utilizzati? Significa che gli imprenditori italiani non hanno ancora sfruttato le immense opportunità offerte da questi finanziamenti per sviluppare e far crescere le loro imprese.

E devi sapere anche che c'è una serie di motivazioni per colpa delle quali questi soldi non sono ancora stati utilizzati dal nostro sistema imprenditoriale. Te ne parlerò man a mano che leggerai le pagine che seguono. Quindi, in ultima analisi, l'obiettivo di questo libro è quello di darti gli strumenti, le conoscenze e le competenze "giuste" per metterti nelle condizioni di poter utilizzare queste opportunità. Ecco perché, per aiutarti a capire bene una serie di cose, sono stato costretto a partire da lontano.

Devi sapere, infatti, che l'Unione Europea, in estrema sintesi, è nata con lo scopo di essere una superpotenza in grado di competere con le altre superpotenze sui mercati internazionali. E, per conseguire questo macro-obiettivo, è stato (ed è) necessario "armonizzare" alcuni aspetti della vita di tutti i paesi che partecipano all'UE. Ecco perché si parla di "**competitività del Sistema Europa**".

Ci si rivolge all'Europa come a un'unica entità, come a un unico sistema e come se fosse un unico grande Stato che opera nell'ambito dei mercati internazionali. Come gli Stati Uniti, in pratica. Naturalmente, mettere d'accordo i 28 paesi che partecipano all'UE non è proprio una passeggiata di salute, soprattutto se consideriamo la giovane età dell'Europa e le diversità tra i singoli Stati che la compongono. Infatti, all'interno di questo condominio, ci sono alcuni paesi che sono più forti dal punto di vista dell'economia, dello sviluppo e della produzione di PIL, e poi ce ne sono degli altri che, invece, sono in ritardo di sviluppo.

Con l'espressione "in ritardo di sviluppo" ci si riferisce a quei paesi che, per questioni strutturali e di sviluppo delle rispettive economie, sono in ritardo rispetto ad altri e vanno a una velocità minore. L'Unione Europea, tra i tanti obiettivi, ha proprio quello di uniformare il livello di competitività di tutti i paesi aderenti. È chiaro che il livello di performance economica di paesi quali l'Italia, la Francia e la Germania è superiore a quello di paesi come la Grecia, la Bulgaria o la Romania, per citarne solo alcuni. Ed è altrettanto chiaro che, per trasformare l'Unione Europea in una superpotenza in grado di competere con le altre superpotenze a livello mondiale, è necessario "allineare" la performance di tutti i paesi iscritti al condominio.

Ecco perché sono nate le "politiche di sviluppo" europee di cui ti dirò tra pochissimo. Per capire ancora meglio, consideriamo le differenze di sviluppo che ci sono tra il Nord e il Sud Italia. Senza parlare delle cause e/o dei possibili rimedi, tutti sappiamo che il Mezzogiorno italiano paga alcuni ritardi di sviluppo rispetto alle regioni del Nord. Si tratta di un dato di fatto: basta osservare lo sviluppo della rete ferroviaria e di quella autostradale per capire le profonde differenze tra il Nord e il Sud del nostro paese.

Quando ci si riferisce alle regioni del Mezzogiorno italiano, si parla, comunemente, di "regioni svantaggiate" dal punto di vista economico. Ci si riferisce, in tal senso, a regioni che hanno bisogno di un maggiore aiuto per potersi sviluppare al fine di mettersi "alla pari" con le regioni del Nord. Ecco perché esistono i bandi pubblici di finanziamento alle imprese "a fondo perduto". Il *fondo perduto* (come ti dirò più avanti) serve per dare una mano in più agli imprenditori che risiedono nelle regioni svantaggiate dal punto di vista economico. L'obiettivo è quello di rendere competitive anche le regioni del Sud Italia per "allinearle" allo standard di quelle del Nord. Obiettivo finale di queste politiche è l'incremento del livello di benessere dell'intera nazione.

Ora, prendi questo discorso e applicalo ai paesi dell'Unione Europea che sono "in ritardo di sviluppo" rispetto agli altri. Poi, applicalo al "Sistema Europa" inteso quale "blocco unico" che deve fronteggiare la competizione delle superpotenze sui mercati internazionali ed ecco che il quadro inizia a schiarirsi. Tutti i paesi dell'UE devono essere portati allo stesso livello: questo è l'obiettivo e, per conseguirlo, l'Europa utilizza dei programmi specifici che coinvolgono tutti i paesi europei e utilizza uno strumento che si chiama "Agenda". Questa "Agenda" è una specie di taccuino sul quale sono fissati gli obiettivi, gli impegni e le strategie che si vogliono adottare per conseguire gli obiettivi di sviluppo europeo. Da queste considerazioni è nata la strategia "Europa 2020".

1.1. Agenda europea: la strategia "Europa 2020"

La strategia "Europa 2020" è il programma dell'Unione Europea per la crescita e l'occupazione per il decennio in corso. Mette l'accento su una *crescita intelligente, sostenibile e inclusiva* come mezzo per superare le carenze strutturali dell'economia europea, migliorarne la competitività e la produttività e favorire l'affermarsi di un'economia di mercato sostenibile (cfr.: https://ec.europa.eu/info/business-economy-euro/economic-and-fiscal-policy-coordination/).

Con tale strategia l'Europa intende perseguire gli obiettivi di crescita e sviluppo economico di cui ti ho detto poco fa, al fine di competere in modo efficace sui mercati internazionali. *Grazie a questa strategia, l'Europa opera e vuole potenziare cinque aree specifiche*:

- occupazione;
- innovazione;
- educazione;
- coesione sociale;
- clima/energia.

All'interno di queste singole aree, l'Unione e gli Stati membri opereranno in modo coordinato realizzando azioni concrete al fine di realizzare le tre priorità di crescita individuale:

1. *una crescita intelligente,* ovvero fondata sullo sviluppo di un'economia basata sulla conoscenza e sull'innovazione;

2. *una crescita sostenibile,* che vede promossa un'economia più efficiente sotto il profilo delle risorse, più verde e più competitiva;

3. *una crescita inclusiva,* che vede promossa un'economia con un alto tasso di occupazione che favorisca la coesione sociale e territoriale.

Come vedi, l'obiettivo prioritario di tutta la strategia "Europa 2020" è la *crescita,* intesa quale sviluppo della società e miglioramento delle condizioni socio-economiche dei paesi che abitano nel condominio dell'Area Europa. Come avrai sicuramente notato, il periodo preso in considerazione è quello che va dal 2010 al 2020. Questo arco temporale non è stato scelto a caso, ma è stato determinato dalla crisi economica e finanziaria che ha colpito il mondo intero a partire dal 2007-2008 e che ancora oggi stiamo subendo.

Probabilmente anche tu ricordi che, nell'agosto 2007, negli USA è scoppiata una crisi finanziaria a seguito di una crisi del mercato immobiliare. A questa è seguita una forte recessione economica iniziata nel secondo trimestre del 2008 che ha coinvolto le economie dei principali paesi dell'area europea (Italia compresa) e di vari paesi del mondo industrializzato. Senza approfondire le cause di questa crisi mondiale, perché non è questa la sede, la cosa che mi interessa dirti è che, a tutt'oggi, nel 2019, stiamo pagando il prezzo di quella crisi.

Come molte altre regioni del mondo, nel 2010 l'Europa stava attraversando un periodo di profonde trasformazioni. La crisi economica mondiale ha vanificato anni di progressi economici e sociali e messo in luce le carenze strutturali dell'economia europea. Nel frattempo, fenomeni come la globalizzazione, la pressione sulle risorse naturali e l'invecchiamento della popolazione si erano intensificati. Quindi, per adeguarsi a questi cambiamenti e a queste nuove necessità, l'Europa è stata costretta a trovare soluzioni innovative per la sua economia ed è stata costretta a mettere in campo risorse e idee che, fino ad allora, non aveva mai utilizzato.

A tale proposito, e per capire ancora meglio il contesto nel quale stiamo vivendo, ti riporto le parole dette dall'allora presidente della Commissione Europea, José Manuel Barroso, in occasione del lancio della strategia "Europa 2020":

> *"...Il 2010 deve segnare un nuovo inizio*. *Voglio che l'Europa esca rafforzata dalla crisi economica e finanziaria... Gli ultimi due anni hanno lasciato dietro di sé milioni di disoccupati. Hanno provocato un indebitamento che durerà molti anni. Hanno esercitato nuove pressioni sulla nostra coesione sociale Hanno rivelato, altresì, alcune verità fondamentali sulle difficoltà che l'economia europea deve affrontare. Nel frattempo, l'economia mondiale va avanti.* ***Il nostro futuro dipende dalla risposta dell'Europa...***
> *La nostra priorità a breve termine è superare con successo la crisi... Per conseguire un futuro sostenibile dobbiamo sin d'ora guardare oltre il breve termine. L'Europa deve ritrovare la strada giusta e non deve più perderla.*
> ***E' questo l'obiettivo della Strategia Europa 2020: più posti di lavoro e una vita migliore"***

1.2. Gli obiettivi della strategia "Europa 2020"

A questo punto, ti sarà sicuramente chiara una cosa: l'Europa ha pianificato la strategia "Europa 2020" per reagire alla crisi internazionale che l'ha colpita dopo il 2008 e per poter competere sui mercati internazionali "ad armi pari" con le grandi superpotenze. Per ottenere questo risultato, ha pianificato una serie di obiettivi da raggiungere entro il 2020. Come ho scritto nel paragrafo precedente, con la strategia "Europa 2020" l'Europa vuole raggiungere una serie di obiettivi per cinque aree di interesse e di sviluppo entro il 2020.

Gli obiettivi sono i seguenti:

1. *Occupazione*: il 75% dei cittadini europei che hanno un'età compresa tra i 20 e i 64 anni deve lavorare.

2. *Ricerca & Sviluppo (innovazione)*: il 3% del Prodotto Interno Lordo dell'Europa deve essere investito in Ricerca & Sviluppo.

3. *Educazione*: il tasso di abbandono scolastico deve essere inferiore al 10% e almeno il 40% dei giovani europei deve essere laureato.

4. *Clima/energia*: questo obiettivo si può raggiungere tramite dei sub-obiettivi quali:

   - ridurre le emissioni di gas a effetto serra del 20% rispetto ai livelli del 1990.

   - ricavare il 20% del fabbisogno di energia da fonti rinnovabili;

   - aumentare del 20% l'efficienza energetica.

5. *Coesione sociale*: ridurre a 20 milioni il numero di persone a rischio o in condizioni di povertà.

Come ti ho scritto qualche riga sopra, tutti questi obiettivi acquisteranno un senso e un "peso" completamente diversi appena ti spiegherò il "meccanismo dei punteggi". Innanzi tutto, fai caso a una cosa: come puoi notare già dalla prima lettura, tutti gli obiettivi della strategia "Europa 2020" hanno a che fare con lo *sviluppo*, con la *crescita*, con la *cultura* e con il *miglioramento* di qualcosa. Poco fa abbiamo detto che il contesto europeo nel quale viviamo deve competere con le superpotenze a livello mondiale, ricordi? Bene!

Prendiamo gli obiettivi di "occupazione", "innovazione" e "educazione", tralasciando, per il momento, gli altri due. È evidente che questi tre obiettivi hanno a che fare con la "crescita culturale" dei cittadini europei laddove con "crescita culturale" ci si riferisce a "cultura d'impresa", "cultura tecnologica", "cultura dell'innovazione" o altre forme di "cultura". Quello che voglio dirti è che il termine "cultura" porta con sé lo sviluppo, la crescita, il progresso e il miglioramento delle condizioni socio-economiche di un paese nel suo complesso.

Di conseguenza, lo sviluppo di cui ti sto parlando è riferito alle condizioni di vita dei cittadini europei. Migliorare le condizioni di vita dei cittadini europei è la priorità dell'Europa e gli obiettivi della strategia "Europa 2020" sono funzionali al suo raggiungimento. Infatti, è abbastanza semplice capire che maggiore cultura, un maggior grado di innovazione, livelli di educazione più alti e un più ampio coinvolgimento dei cittadini sono gli obiettivi che hanno a che fare con lo sviluppo della competitività del Sistema Europa sui mercati internazionali.

1.3. L'Agenda 2014-2020

In questo momento, mentre sto scrivendo questo libro, stiamo andando verso la fine della cosiddetta "Agenda 2104-2020" la quale è il programma di sviluppo europeo previsto per il periodo che va dal 2014 al 2020 e che rientra nell'ambito della strategia "Europa 2020". Per attuare i programmi previsti in queste agende, l'Europa stanzia alcuni fondi che hanno lo scopo di finanziare i diversi programmi di sviluppo in relazione ai vari obiettivi di cui ti ho parlato poco fa.

Quello che desidero è che tu abbia chiara una cosa che riguarda proprio il meccanismo di questi Fondi Europei e le modalità con le quali questi fondi vengono erogati ai singoli paesi per perseguire le politiche di sviluppo. Torniamo per un attimo alla questione del "condominio": consideriamo che ognuno dei 28 paesi ogni anno versa all'Europa la sua "rata condominiale" e immaginiamo che ognuna di queste "rate condominiali" venga messa in una cassetta. Ovviamente, non sto parlando di pochi spiccioli, ma di *centinaia di miliardi di euro*.

Cosa fa l'Europa con tutte queste "rate condominiali" accumulate nella cassetta? Così come farebbe un bravo amministratore di condominio, usa queste risorse proprio per perseguire gli obiettivi della strategia "Europa 2020", ossia le usa per attuare le politiche che sono necessarie per lo sviluppo di ognuno dei 28 paesi. Ricorda sempre che l'Europa deve allineare le performance dei vari paesi che fanno parte del condominio. Quindi, in pratica, l'Europa prende questi soldi e li redistribuisce ai singoli paesi in base alle relative esigenze di sviluppo.

Tieni presente una cosa molto importante: ogni paese presenta delle necessità di sviluppo diverse da quelle di un altro e, di conseguenza, i soldi che riceve sono destinati a programmi di sviluppo diversi, in base alle esigenze. Quindi, immagina l'Europa che prende tutti questi soldi e dice: «All'Italia diamo 75 miliardi, alla Francia ne diamo 97 e alla Germania 100. Poi alla Romania ne diamo 45, alla Grecia 40» e così via per tutti gli altri paesi. Ho messo delle cifre (più o meno) a caso, ma tieni presente che, tralasciando i meccanismi di divisione della torta, ogni Stato riceve quello di cui ha bisogno per il suo sviluppo, cioè: soldi. Tutto chiaro, finora? Bene.

Adesso vediamo in che modo e con quali strumenti l'Europa gestisce i soldi che servono per conseguire gli obiettivi della strategia "Europa 2020". Prima, però, devo fare un breve riferimento al fatto che, dopo la fine di "Agenda 2014-2020", non ci sarà la fine del mondo, né quella dell'Europa, ma i programmi di sviluppo proseguiranno con un'altra "Agenda" le cui linee operative, nel loro complesso, sono già state definite.

1.4. La nuova Agenda europea: dal 2021 al 2027

Come ho scritto poco fa, in questo momento stiamo vivendo la parte finale dell'"Agenda 2014-2020"; questo significa che tra pochi mesi questa agenda chiuderà e che, di conseguenza, manca ancora poco tempo per utilizzare i fondi che sono stati dati al nostro paese. Prima di passare alla nuova "Agenda 2021-2027" ci saranno i soliti strascichi di risorse da spendere e c'è una cosa importantissima che devi sapere: come ti ho scritto all'inizio di questo capitolo, il nostro paese non utilizza tutte le risorse finanziarie che riceve dall'Europa per perseguire gli obiettivi di sviluppo di cui ti sto parlando.

La conseguenza di questo comportamento è che Bruxelles potrebbe pensare che non abbiamo bisogno di tutti quei soldi, visto che non li utilizziamo, e potrebbe quindi decidere di tagliare l'ammontare dei finanziamenti che ci manda. E qui sta il vero "perché" di questo libro: *i soldi per lo sviluppo delle imprese e del paese ci sono e ce ne sono anche tanti!* Ed è assolutamente necessario fare qualcosa! Il fatto è che quando si parla di "bandi pubblici di finanziamento alle imprese" c'è poca informazione e, nei pochi casi in cui c'è informazione, non si conoscono gli strumenti, le tecniche e i metodi per sfruttare le opportunità disponibili.

Sempre nell'ottica dello sviluppo competitivo del "Sistema Europa", per il periodo 2021-2027 sono già stati definiti gli obiettivi che devono essere perseguiti e realizzati. In tal senso, le informazioni disponibili in questo momento sono scarse, ma alcune linee-guida sono già disponibili e te le posso anticipare.

Ovviamente se stai leggendo questo libro in un periodo successivo al 1/1/2021, tutte le linee-guida, tutti gli obiettivi e tutte le strategie di ripartizione dei fondi sono già state definite e i fondi assegnati. A ogni modo, ti avevo premesso che questo libro non vuole affrontare gli aspetti tecnici dei fondi, né vuole anticipare cose che non possono essere anticipate.

Posso però darti qualche dritta di carattere generale che ti può tornare utile nel caso in cui avessi un'idea imprenditoriale che intendi realizzare nel prossimo futuro. Infatti, in rete sono già disponibili i nuovi macro-obiettivi che l'Europa vuole conseguire con l'"Agenda 2021-2027" al fine di rendere l'area euro più competitiva sui mercati internazionali. Considera che l'obiettivo prioritario delle nuove politiche per il periodo 2021-2027 è quello di *rafforzare lo sviluppo regionale e la coesione oltre il 2020.*

Quindi, gli obiettivi previsti per la prossima "Agenda" sono cinque:
1) **Europa + intelligente**: è un obiettivo da conseguire mediante

l'innovazione, la digitalizzazione, la trasformazione economica e il sostegno alle piccole e medie imprese;

2) **Europa + verde e priva di emissioni di carbonio**: è un obiettivo da raggiungere tramite investimenti nella transizione energetica, nelle energie rinnovabili e nella lotta ai cambiamenti climatici;

3) **Europa + connessa**: l'obiettivo è quello di realizzare reti di trasporto e reti digitali strategiche per lo sviluppo dell'area euro;

4) **Europa + sociale**: è un obiettivo che vuole sostenere l'occupazione di qualità, l'istruzione, le competenze professionali, l'inclusione sociale e un equo accesso alla sanità da parte dei cittadini europei;

5) **Europa più vicina ai cittadini**: è un obiettivo da perseguire mediante il sostegno alle strategie di sviluppo gestite a livello locale e allo sviluppo urbano sostenibile in tutta l'Unione Europea.

Come è facile intuire leggendo gli obiettivi, anche la prossima "Agenda 2021-2027" punta dritto alla competizione con le superpotenze sui mercati internazionali. Parole come "digitalizzazione", "innovazione", "trasformazione economica" e "connessione" lasciano pochi spazi a dubbi e interpretazioni sul da farsi: se vuole rimanere competitiva, l'Europa deve sviluppare questi settori, altrimenti resterà tagliata fuori. Quindi, tutto ciò si tradurrà in una montagna di soldi che saranno destinati a investimenti proprio in questi settori.

E ora segna bene questa frase nella memoria perché ha a che fare con il "meccanismo dei punteggi" di cui ti ho fatto cenno nelle pagine precedenti ed è una delle tantissime "cose sconosciute" che ruotano intorno ai finanziamenti europei: se hai un'idea di business che rientra nell'ambito di uno dei settori considerati "prioritari" dall'attuale "Agenda 2014-2020" o dalla futura "Agenda 2021-2027" hai molte più probabilità di ottenere i finanziamenti per realizzare la tua idea.

Attenzione! Non ho scritto che *"otterrai sicuramente i finanziamenti di cui hai bisogno per sviluppare la tua idea"*, ma che, se la tua idea rientra nell'ambito degli obiettivi prioritari di "Agenda 2021-2027", e a parità di altre condizioni, hai molte più probabilità di ottenere i finanziamenti rispetto a chi, invece, propone un'idea in un settore considerato "non prioritario" dall'UE. Per capirci meglio, immagina che io abbia un'idea di business nel settore del commercio e che tu ne abbia un'altra nel settore hi-tech e/o sviluppo di nuove tecnologie digitali. A parità di tutte le condizioni (buona idea, progetto fatto bene, ammontare degli investimenti, sviluppo occupazionale e altro ancora) è molto più probabile che tu riesca a prendere il finanziamento al posto mio, perché la tua idea rientra nell'ambito degli obiettivi di "digitalizzazione" dell'Agenda europea, mentre la mia idea non ci rientra.

Questo non significa che io sia tagliato fuori dai finanziamenti, ma semplicemente che, se occorre fare una scelta, la tua idea viene preferita alla mia proprio perché rientra nell'ambito degli "obiettivi prioritari" dell'UE. Quindi sarà molto più probabile che tu riuscirai a ottenere il finanziamento e io no. Questo accade perché, sempre a parità di tutte le altre condizioni, il "meccanismo dei punteggi" assegna più punti alla tua idea rispetto alla mia. I prossimi due capitoli serviranno proprio per aiutarti a capire come "ragiona" l'UE e per quale motivo premia certe scelte e ne respinge delle altre. Queste sono le famose "regole del gioco" di cui ti ho parlato qualche pagina indietro. Se le conosci, puoi usarle a tuo vantaggio.

IL CAPITOLO 1 IN PILLOLE:

1) L'Unione Europea ha messo a disposizione dell'Italia tantissimi soldi che servono per "fare sviluppo". Una parte molto rilevante di questi soldi è destinata alla nascita di nuove imprese oppure alla crescita e allo sviluppo delle imprese già esistenti.

2) La "competitività del sistema Europa" è l'insieme delle strategie che sono state pensate ed elaborate per consentire all'Europa di competere in maniera efficace sui mercati internazionali.

3) Le "politiche di sviluppo" dell'Unione Europea sono l'insieme delle politiche ideate dall'Unione Europea per ridurre le differenze tra i vari paesi membri. In tal senso, si tratta di politiche che prevedono l'incremento del benessere, la diminuzione della povertà, la promozione della crescita sostenibile, la difesa dei diritti umani e della democrazia, la gestione delle sfide ambientali e climatiche a livello europeo.

4) La strategia "Europa 2020" è il programma dell'UE per la crescita e l'occupazione nel decennio che stiamo vivendo. Questa strategia ha come obiettivo una crescita intelligente, sostenibile e inclusiva, intesa quale mezzo per superare le carenze strutturali dell'economia europea, migliorarne la

competitività e la produttività e favorire l'affermarsi di un'economia di mercato sociale e sostenibile.

5) L'Agenda 2014-2020 è il programma di incentivi e di interventi finanziari previsti per l'attuazione e la realizzazione delle "politiche di sviluppo" che va dal 2014 al 2020.

6) L'Agenda 2021-2027 è il programma di incentivi e di interventi finanziari previsti per l'attuazione e la realizzazione delle "politiche di sviluppo" che va dal 2021 al 2027.

Capitolo 2:

Fondi Europei alle imprese: i segreti da sapere

I Fondi Europei sono il principale mezzo finanziario con cui l'Unione Europea persegue il fine di integrazione economica e sociale dei paesi che fanno parte del condominio. In pratica, sono lo strumento con cui l'Europa gestisce l'erogazione delle "quote condominiali" destinate allo sviluppo di ogni singolo paese. Come tali, sono organizzati secondo *programmi tematici* dedicati a specifici obiettivi (salute, cultura, agricoltura, sviluppo industriale e altri) che devono essere perseguiti di volta in volta al fine di allineare il livello di performance complessivo a un determinato standard.

Per ogni singolo fondo, vengono emanati determinati *bandi* che, di volta in volta, riguardano le varie aree tematiche oggetto di sviluppo. I fondi UE vengono gestiti seguendo alcuni criteri molto rigorosi che servono ad assicurare che il loro utilizzo sia soggetto a un controllo e che siano spesi in modo *trasparente* e *responsabile*.

La responsabilità politica per il corretto utilizzo dei Fondi Europei è in capo ai 28 Commissari europei (uno per ogni paese membro).

Nonostante ciò, occorre considerare che la stragrande maggioranza dei finanziamenti europei viene gestita all'interno dei singoli paesi beneficiari tramite alcune "agenzie". Pertanto, la responsabilità di effettuare controlli e audit annuali sulla gestione di questi finanziamenti ricade in capo a ogni singolo paese membro.

Come ti avevo anticipato, non farò l'elenco dei fondi né entrerò nei dettagli di ogni singolo fondo, ma mi limiterò a dirti che i Fondi Europei si dividono in due macro-categorie:

- Fondi Diretti.

- Fondi Indiretti.

2.1. I Fondi Diretti e le autorità di gestione

Sono i fondi gestiti direttamente dalle Direzioni Generali della Commissione Europea e dalle Agenzie nazionali presenti in ogni paese membro. Sono strutturati secondo **programmi tematici** e **strumenti per l'assistenza esterna** e vengono erogati sotto forma di **sovvenzioni** e **appalti**.

Le *sovvenzioni* sono contributi economici destinati a specifici progetti collegati alle politiche dell'Unione Europea. Gli *appalti* sono strumenti conclusi dalle istituzioni europee per acquistare servizi, beni e opere necessari per le loro attività (ad esempio studi, corsi di formazione, organizzazione di conferenze e simili). Senza entrare nei dettagli, alcuni tra i programmi comunitari più conosciuti sono "Horizon 2020", "Cosme", "Life", "Erasmus +" e "Creative Europe".

Oltre a questi, ce ne sono altri che servono per finanziare specifici programmi di cui, però, non parlerò in questo libro. Se desideri approfondire gli aspetti relativi alla gestione dei fondi indiretti o a qualche altro aspetto, puoi collegarti a questi link divisi per aree di competenza:

Autorità di gestione dei fondi:

https://ec.europa.eu/regional_policy/it/atlas/managing-authorities/

Rete "Europe Direct" (per info finanziamenti):

http://europa.eu/europedirect/meet_us/index_en.htm

Portale dell'Unione Europea:

http://ec.europa.eu/contracts_grants/grants_en.htm

2.2. I Fondi Indiretti: i Fondi Strutturali

Si chiamano così perché, a differenza di quelli diretti (che sono gestiti "direttamente" dalle Direzioni Generali della Commissione Europea), sono gestiti dalle autorità nazionali e regionali. Ricordi quello che ho scritto nelle pagine precedenti a proposito delle "quote condominiali" che vengono versate da ogni singolo paese nella cassetta? Bene, Bruxelles prende i soldi dalla cassetta e invia a Roma quelli che spettano all'Italia per perseguire le sue politiche di sviluppo. Ovviamente, poi prende i soldi che spettano alla Francia e li manda a Parigi, quelli che spettano alla Germania e li manda a Berlino e così via per tutti i 28 paesi del "condominio".

Così facendo, ogni paese prende la quota dei soldi che gli spetta per perseguire gli obiettivi di sviluppo che sono stati scritti nella strategia "Europa 2020". Come vedi, tutto quello che ti ho scritto sopra adesso inizia ad avere un senso molto più chiaro. Quindi, Bruxelles invia ai vari paesi i soldi necessari per impostare e perseguire le politiche di sviluppo in base agli obiettivi della strategia "Europa 2020". Pertanto, manderà soldi per la formazione, per la Ricerca & Sviluppo, per il miglioramento del clima e così via. Questi soldi, in ogni paese, sono gestiti da vari organismi che operano sia a livello nazionale che a livello regionale.

Ovviamente, a noi interessa quello che accade nel nostro Paese. Come saprai sicuramente, a Roma ci sono le sedi centrali dei vari Ministeri. Quello che ci interessa è, ovviamente, il Ministero dello Sviluppo Economico (MiSE) poiché è quello che "gestisce" i soldi destinati allo sviluppo economico delle imprese. Riflettiamo un istante sul nome di questo Ministero: si chiama proprio "dello Sviluppo Economico" il che, ovviamente, non è casuale, perché questo nome è direttamente collegato a tutto quello che ho scritto a proposito della strategia "Europa 2020".

Cosa ci fa, di bello, il MiSE con i soldi che gli manda Bruxelles? Li prende e li redistribuisce sia a livello nazionale sia a livello regionale per il perseguimento delle varie politiche di sviluppo nazionali e regionali. Le singole regioni usano questi soldi per realizzare obiettivi di sviluppo regionali, mentre Invitalia li usa per realizzare obiettivi di sviluppo nazionale.

Ogni singola regione, poi, dirotta i soldi alle varie aree regionali al fine di realizzare obiettivi di sviluppo tipici del territorio. Per esempio, potrebbe esserci la necessità di far rinascere un determinato "polo industriale" in una certa area caratterizzata da una determinata produzione; in tal caso viene aperto un bando "per l'area di..." che finanzia specificatamente alcune produzioni e alcuni paesi che si trovano in quell'area. Oppure, potrebbe esserci la necessità di "sviluppare il settore turistico nelle zone costiere della Calabria" o cose del genere. Insomma, dovrebbe esserti chiaro come funziona il meccanismo di ripartizione dei fondi indiretti tra le varie regioni: i soldi vengono ripartiti in base alle esigenze di sviluppo del territorio.

Ovviamente, dopo che il MiSE ha sparpagliato i soldi tra le varie regioni, ogni regione provvede alla loro gestione; a tal fine, in ogni regione c'è una *Società di Sviluppo Regionale* che gestisce questi soldi per sviluppare il suo territorio in base alle esigenze di sviluppo del territorio stesso. Si tratta di aziende pubbliche che gestiscono l'apertura dei bandi di finanziamento alle imprese, le fasi di istruttoria e la vera e propria erogazione dei soldi.

Per esempio, nel momento i cui sto scrivendo questo libro, Lazio

Innova è la finanziaria che gestisce questi fondi nella regione Lazio, Sviluppo Campania è quella che gestisce i fondi indiretti per la regione Campania, Calabria Sviluppo è quella che li gestisce in regione Calabria e così via per le varie regioni italiane.

2.2.1. Il FESR (Fondo Europeo di Sviluppo Regionale)

Il Fondo Europeo di Sviluppo Regionale (FESR) è uno dei principali strumenti finanziari della politica di coesione dell'Unione Europea. È un fondo indiretto che «mira a consolidare la coesione economica e sociale dell'UE correggendo gli squilibri tra le regioni» e il suo obiettivo è proprio quello di appianare le diversità esistenti tra i vari livelli di sviluppo delle regioni europee. (cfr. https://ec.europa.eu/regional_policy/it/funding/erdf/).

IL FESR dedica la sua attenzione alle regioni dell'Europa che presentano «gravi e permanenti svantaggi naturali o demografici» al fine di allineare i livelli di sviluppo dei diversi paesi. In pratica, si tratta di quello che ti ho detto nelle pagine precedenti, ricordi? Proprio per questo motivo, il FESR concentra gli investimenti su diverse aree prioritarie considerate strategiche.

Questo approccio prende il nome di "concentrazione tematica". Il FESR riserva una particolare attenzione alle specificità territoriali poiché la sua azione mira proprio a ridurre i problemi economici, ambientali e sociali che affliggono determinate aree. Naturalmente, non si tratta di obiettivi che si raggiungono con uno schiocco delle dita. Ci vuole tempo. Però, proprio grazie al FESR, ci sono interi distretti industriali e intere aree geografiche che hanno cambiato il loro volto e hanno subito un vero e proprio processo di trasformazione e di re-industrializzazione.

2.2.2. Il FEASR (Fondo Europeo Agricolo per lo Sviluppo Rurale)
Questo fondo sostiene la politica europea in materia di sviluppo rurale. Per "sviluppo rurale" si intende lo sviluppo socio-economico delle aree rurali, mantenendo la vitalità delle campagne attraverso programmi di investimento, di modernizzazione e di sostegno ad attività – agricole e non – nelle zone rurali del nostro paese. Per il periodo 2014-2020, l'Unione Europea ha individuato alcune priorità da realizzare proprio per conseguire questi obiettivi di sviluppo rurale:

- promuovere il trasferimento di conoscenze e l'innovazione nel settore agricolo e forestale e nelle zone rurali;

- potenziare la redditività e la competitività di tutti i tipi di agricoltura e promuovere tecnologie innovative per le aziende agricole;

- favorire l'organizzazione della filiera alimentare, il benessere degli animali e la gestione dei rischi nel settore agricolo;

- preservare, rispristinare e valorizzare gli ecosistemi relativi all'agricoltura e alle foreste;

- incoraggiare l'uso efficiente delle risorse e il passaggio a un'economia a basse emissioni di CO_2 e resiliente al clima nel settore agroalimentare e forestale;

- promuovere l'inclusione sociale, la riduzione della povertà e lo sviluppo economico delle zone rurali.

(cfr.

https://it.wikipedia.org/wiki/Fondo_europeo_agricolo_per_lo_svil
uppo_rurale)

2.2.3. Il FEAMP (Fondo Europeo per gli Affari Marittimi e la Pesca)

Il FEAMP è il fondo dell'UE che riguarda le politiche marittime e della pesca che saranno adottate nel periodo 2014-2020. È uno dei cinque fondi strutturali e di investimento europei che mirano a promuovere la ripresa e la crescita dell'Europa e aiuta le comunità costiere a diversificare le loro economie. Obiettivo del FEAMP è quello di finanziare i progetti che creano nuovi posti di lavoro e migliorano la qualità della vita nelle regioni costiere europee.

2.2.4. Il FSC (Fondo per Sviluppo e la Coesione)

Il FSC è lo strumento finanziario principale attraverso il quale vengono attuate le politiche per lo sviluppo della coesione economica, sociale e territoriale a livello europeo ed è dedicato ai trasporti e alla tutela dell'ambiente negli Stati membri meno sviluppati. I suoi obiettivi sono la riduzione delle disparità economiche e sociali e la promozione dello sviluppo sostenibile. Come vedi, ancora una volta, ci troviamo di fronte a un fondo rivolto allo "sviluppo" delle varie regioni d'Europa. Questo fondo, per il periodo 2014-2020, ha previsto stanziamenti per circa 63 miliardi di euro da destinarsi ad attività comprese nelle seguenti categorie:

- Sviluppo di reti transeuropee di trasporto. In tal senso, il FSC supporta lo sviluppo di progetti rientranti nell'iniziativa "Meccanismo per collegare l'Europa";

- Tutela dell'ambiente. In tal senso, il FSC può intervenire anche in progetti correlati con i settori dei trasporti e dell'energia a condizione che questi progetti offrano effettivi vantaggi sotto il profilo ambientale.

2.2.5. Il FSE (Fondo Sociale Europeo)

Il Fondo Sociale Europeo è «il principale strumento utilizzato dall'Unione Europea per sostenere l'occupazione, per aiutare i cittadini a trovare posti di lavoro migliori e assicurare opportunità lavorative migliori e più eque per tutti» (cfr. http://ec.europa.eu/esf/main.jsp?catId=35&langId=it).

Per conseguire questo obiettivo, il Fondo Sociale Europeo investe risorse nel capitale umano dell'Europa, ossia sui lavoratori, sui giovani e su tutti coloro che sono alla ricerca di un nuovo lavoro. In pratica, il FSE è lo strumento che viene utilizzato per "formare", "qualificare" e "riqualificare" tutti coloro che vogliono collocarsi o ricollocarsi nel mondo del lavoro alla ricerca di opportunità e condizioni lavorative più vantaggiose. Naturalmente, questa qualificazione e riqualificazione delle risorse umane ha l'obiettivo di aumentare il livello generale della "cultura" del lavoratore di modo che il tutto possa tradursi in un accrescimento del livello di cultura generale di una popolazione.

Il Fondo Sociale Europeo riveste un ruolo strategico nell'ambito delle politiche formative e di sviluppo dell'Unione Europea: il mondo delle imprese e quello del lavoro, infatti, sono due mondi in continua evoluzione. I nuovi prodotti, i nuovi servizi e le nuove tecnologie richiedono ai lavoratori competenze sempre più avanzate, pena l'esclusione da un mondo del lavoro sempre più competitivo.

Ricorda che là fuori ci sono competitor che non hanno scrupoli e che stanno combattendo la loro guerra per conquistare uno spazio all'interno dei mercati: tutto viene giocato sul filo dell'innovazione che passa attraverso le competenze, l'avanguardia tecnologica e la capacità di gestire importanti processi di cambiamento. Come ha detto un mio collega formatore, il tutto porta a concludere che: *«Chi non si forma, si ferma»*.

Quindi, l'obiettivo che l'Europa vuole raggiungere attraverso il Fondo Sociale Europeo è chiaro: trasferire innovazione, sviluppo culturale e competenze ai lavoratori al fine di renderli più qualificati e in grado di competere "ad armi pari" con i lavoratori degli altri paesi. Se vuoi approfondire normativa e altre notizie sul Fondo Sociale Europeo, clicca su questo link: http://ec.europa.eu/esf/main.jsp?catId=35&langId=it.

Quelli che ti ho appena menzionato sono i principali fondi indiretti che operano nell'ambito dell'UE. Oltre a questi ce ne sono altri ma, come promesso, non te ne parlerò, poiché questo libro non riguarda la disamina di tutti i Fondi Europei, bensì le modalità di accesso ai bandi di finanziamento alle imprese. Proprio per questo, tieni presente che il Fondo al quale siamo maggiormente interessati è il FESR, poiché riguarda lo sviluppo delle attività imprenditoriali.

Nel prossimo capitolo ti mostrerò gli strumenti che vengono utilizzati per gestire i fondi.

IL CAPITOLO 2 IN PILLOLE:

1) I Fondi Europei sono il principale mezzo finanziario con cui l'Unione Europea persegue il fine di sviluppo, di integrazione economica e sociale dei paesi membri. Si dividono in "Fondi Diretti", che sono gestiti ed erogati direttamente da Bruxelles e "Fondi Indiretti" (detti anche "Fondi Strutturali") la cui gestione ed erogazione è affidata ai singoli paesi membri, sia a livello nazionale sia a livello regionale;

2) Il FESR è uno degli strumenti più importanti per le politiche di coesione dell'UE; è considerato lo strumento più importante per la realizzazione degli obiettivi di coesione e opera a livello regionale;

3) Il FEASR è il fondo che sostiene la politica europea in materia di sviluppo rurale e di aumento della competitività del settore agricolo oltre a garantire una gestione sostenibile delle risorse naturali;

4) Il FSE è considerato lo strumento principale con il quale l'UE sostiene l'occupazione e aiuta i cittadini a trovare posti di lavoro migliori;

5) Il FEAMP è il fondo destinato allo sviluppo delle politiche marittime e della pesca nelle zone costiere dell'Europa;

6)   Il FSC, è lo strumento finanziario principale attraverso il quale vengono attuate le politiche per lo sviluppo della coesione economica, sociale e territoriale a livello europeo.

Capitolo 3:

Gli strumenti di gestione dei Fondi Indiretti

Ricordi quando, nelle pagine precedenti, ho scritto che i bandi pubblici sono gestiti a due diversi livelli, il "livello nazionale" e quello "regionale"? Mi riferivo al fatto che i fondi indiretti sono regolamentati e gestiti attraverso:

- il PON (Programma Operativo Nazionale);
- il POR (Programma Operativo Regionale).

3.1. Il PON (Programma Operativo Nazionale)

Il Programma Operativo Nazionale è la definizione particolareggiata dei Fondi Strutturali Europei che, come è stato chiarito nelle pagine precedenti, sono lo strumento finanziario della politica regionale europea per rafforzare la coesione economica e sociale (cfr. https://www.iccasalpusterlengo.edu.it/cosa-e-il-pon/).

Questi programmi sono finanziati dalla Commissione Europea per favorire la parità economica e sociale di tutte le regioni dell'Unione Europea e ridurre il divario tra quelle più avanzate e quelle in ritardo di sviluppo. Come vedi, ancora una volta, ci troviamo di fronte all'obiettivo di colmare i "ritardi di sviluppo" di alcuni paesi europei rispetto ad altri.

Il PON è un programma che opera a livello nazionale ed è gestito dai Ministeri preposti oppure da Enti di rilevanza nazionale. Per esempio, il MiUR (Ministero dell'Università e della Ricerca) gestisce i PON per tutto ciò che riguarda la formazione dei lavoratori e le politiche di crescita culturale a livello nazionale. Il PON, inoltre, gestisce i bandi di finanziamento alle imprese a livello nazionale; in tal caso, al posto del MiUR, entra in gioco il MiSE, proprio perché stiamo parlando di "sviluppo delle imprese".

In questo caso, i bandi pubblici di finanziamento vengono gestiti anche da Enti Pubblici come Invitalia (Agenzia Nazionale per l'Attrazione degli Investimenti) che può essere considerata il "braccio operativo" del MiSE in materia di finanziamenti alle imprese a livello nazionale. Nel momento in cui sto scrivendo questo libro, Invitalia gestisce l'erogazione dei finanziamenti per una serie di bandi e uno di questi si chiama "Resto al Sud".

Si tratta di un programma di incentivi rivolto ai giovani che vogliono fare impresa nelle regioni del Mezzogiorno e ha l'obiettivo di sviluppare le attività imprenditoriali in alcune regioni del Mezzogiorno italiano (Abruzzo, Basilicata, Calabria, Campania, Molise, Sardegna e Sicilia). Il bando prevede la concessione di alcune agevolazioni "a fondo perduto" e altre a "mutuo agevolato".

Sempre nel momento in cui sto scrivendo questo libro, la stessa Invitalia gestisce altri due bandi di finanziamento alle imprese tramite il PON (che si chiama "Imprese e Competitività"):

- bando "Smart & Start";
- bando "Nuove Imprese a Tasso Zero".

Come vedi, il MiSE rimanda a Invitalia per la compilazione delle domande e per tutti gli aspetti amministrativo-burocratici di questi due bandi, poiché è proprio Invitalia a gestire il tutto.
(cfr.https://www.mise.gov.it/index.php/it/incentivi/impresa/strumenti-e-programmi/pon-imprese-e-competitivita/opportunita-e-bandi).

Ricordi quando, all'inizio del capitolo 1, ho scritto che la Lamborghini ha ottenuto un finanziamento di quasi 50 milioni di euro per l'ampliamento dei suoi capannoni destinati alla produzione della *Urus*? E ricordi che ti avevo nominato il "contratto di sviluppo"?

Bene: "Contratto di Sviluppo" è il nome di un altro bando di finanziamento diretto alle grandi imprese che devono effettuare investimenti di una certa entità ed è gestito da Invitalia (per conto del MiSE). Come puoi vedere dall'immagine, anche nel caso del "Contratto di Sviluppo" siamo di fronte allo stesso PON chiamato "Imprese e competitività":

(cfr.

https://www.mise.gov.it/index.php/it/incentivi/impresa/strumenti-e-programmi/pon-imprese-e-competitivita/opportunita-e-bandi).

Ancora una volta, come puoi vedere, il sito del MiSE rimanda a quello di Invitalia per la redazione della domanda di finanziamento e per la gestione di tutti gli aspetti amministrativo-burocratici.

3.2. Il POR (Programma Operativo Regionale)

A differenza del PON, che gestisce i bandi di finanziamento a livello nazionale, il POR agisce sui bandi di finanziamento a livello regionale. Come ti ho detto in precedenza, in pratica, ogni regione riceve dal rispettivo Ministero (che può essere il MiSE, il MiUR o altri ancora) i soldi che arrivano da Bruxelles e utilizza questi soldi per finanziare programmi specifici che variano da regione a regione e in base agli obiettivi di sviluppo regionale. Come accennato in precedenza, quando i soldi dell'Europa arrivano alle regioni (perché glieli "gira" il MiSE), questi soldi vengono gestiti dalle cosiddette *Società Finanziarie di Sviluppo Regionale* che sono aziende pubbliche che si muovono a livello regionale un po' come fa Invitalia a livello nazionale.

Queste società stanno a più stretto contatto con il territorio regionale e, di conseguenza, ne conoscono i bisogni, le richieste e le potenzialità di sviluppo. Proprio per questo, aprono bandi che vanno a finanziare le specifiche esigenze espresse dalle varie regioni. In tal senso, è chiaro che ogni territorio ha esigenze di sviluppo diverse da un altro.

Nel momento in cui sto scrivendo questo libro, per esempio, la Regione Lazio ha aperto questo bando:

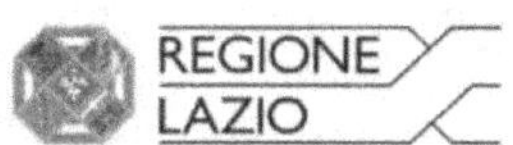

POR FESR Lazio 2014-2020

Asse 3 Competitività

Obiettivo tematico 3 – Promuovere la competitività delle PMI il settore agricolo e il settore della pesca e dell'acquacoltura

Priorità di investimento c) – Sostenere la creazione e l'ampliamento di capacità avanzate per lo sviluppo dei prodotti e servizi

Obiettivo specifico RA 3.1 – Rilancio della propensione agli investimenti del sistema produttivo

AVVISO PUBBLICO

LAZIO CINEMA INTERNATIONAL 2018

"Attrazione produzioni cinematografiche e sostegno delle PMI che operano direttamente nel settore"

Come vedi, si tratta proprio di un POR-FESR (2014-2020), ossia un bando rivolto al finanziamento delle aziende che operano nel settore "cinema" della Regione Lazio. Come abbiamo visto in precedenza, i finanziamenti diretti allo sviluppo delle imprese avvengono tramite il FESR. Il POR è lo strumento tramite il quale si gestisce il FESR a livello regionale. Allo stesso modo, la Regione Campania dedica i suoi programmi di sviluppo nel settore della formazione (cfr. http://www.fse.regione.campania.it/fse-in-campania/).

Potrei proseguire per ognuna delle regioni italiane ma mi fermo qui, perché non è mia intenzione fare un trattato sui diversi bandi gestiti dai vari PON o POR a livello nazionale e a livello regionale.

Come ti avevo premesso, tutto quanto hai letto finora è stata una doverosa panoramica di carattere generale che è servita per capire il contesto nel quale stiamo vivendo e per capire il "perché" di alcune cose.

Da questo momento in poi, mi dedicherò solamente all'argomento "bandi di finanziamento per le imprese" poiché questo è ciò di cui mi occupo da più di vent'anni e, soprattutto, perché è il motivo per il quale stai leggendo questo libro.

IL CAPITOLO 3 IN PILLOLE:

1) Il PON è un programma che opera a livello nazionale ed è gestito direttamente dai vari Ministeri interessati.

2) Il POR è un programma di interventi che opera a livello regionale ed è gestito dalle varie regioni.

3) Il PON gestisce i bandi di finanziamento alle imprese a livello nazionale; in tal caso entra in gioco il MiSE (Ministero dello Sviluppo Economico) proprio perché stiamo parlando di "sviluppo delle imprese".

4) Invitalia (cfr. https://www.invitalia.it/) è l'Ente che gestisce i bandi pubblici di finanziamento alle imprese per conto del MiSE.

5) Le "Società Finanziarie di Sviluppo Regionale" sono delle aziende pubbliche che gestiscono i finanziamenti pubblici per le imprese a livello regionale. Ogni regione ha la sua società finanziaria di sviluppo che provvede alla gestione dei bandi pubblici di finanziamento.

Capitolo 4:
Le tipologie di agevolazioni per le imprese

Ed eccoci finalmente arrivati al "punto caldo" del libro. In questo capitolo, infatti, ti illustrerò le principali tipologie di agevolazioni che vengono concesse alle imprese e cercherò di fare luce, una volta per tutte, sulle differenze fondamentali che sono tutt'ora sconosciute alla stragrande maggioranza degli imprenditori e degli aspiranti imprenditori.

Queste differenze, infatti, ancora ingenerano un po' di confusione tra gli imprenditori e tra qualche "addetto ai lavori" e credo sia arrivato il momento di dissipare tutti quei dubbi che ancora ruotano intorno all'argomento. Quando si parla di **agevolazioni per le imprese**, ci si vuole riferire alle tipologie di finanziamento con cui l'Europa, tramite i vari bandi visti sopra, fa arrivare i soldi agli imprenditori.

Questi "imprenditori" possono essere di due categorie:

1) **imprenditori** "veri e propri" che hanno, cioè, aziende già operative e che devono fare nuovi investimenti per mantenerle competitive sui mercati;

2) **aspiranti imprenditori**, ossia persone che hanno avuto un'idea di business, hanno intuito che possono farci i soldi e che, quindi, la vogliono trasformare in una vera e propria attività imprenditoriale.

Queste due categorie di imprenditori hanno una cosa in comune: per realizzare la loro idea hanno bisogno di soldi. E, nel momento in cui decidono di chiedere un finanziamento allo Stato per realizzare la propria idea, possono ottenere un aiuto che può essere:

1) un contributo a "fondo perduto";

2) un finanziamento a "mutuo agevolato";

3) un contributo in "conto interessi".

Vediamo di cosa si tratta in ognuno dei tre casi.

4.1. Il contributo a "fondo perduto"

Cos'è il *contributo a fondo perduto*? Risposta semplicissima: *sono i soldi che lo Stato ti regala quando pensa che hai avuto una bella idea di business e vuole darti una mano per realizzarla.* Sì, hai letto bene: se tu hai avuto una bella idea imprenditoriale e lo Stato crede che possa "funzionare", allora decide di regalarti una parte dei soldi che ti servono per renderla operativa. Quindi, non c'è obbligo di restituzione.

Naturalmente, quando si parla di "contributi a fondo perduto", occorre distinguere il caso in cui il MiSE interviene direttamente con fondi nazionali (cioè con soldi versati nei bandi dallo Stato italiano derivanti dalle tasse dei cittadini) dal caso in cui, invece, il MiSE gestisce i soldi dei Fondi Europei. Senza entrare nei tecnicismi, nel momento in cui sto scrivendo questo libro, Invitalia sta gestendo un bando che si chiama "Resto al Sud" e, in questo bando, ci ha messo dentro ben **1.250.000.000** (sì, hai letto bene: un miliardo e duecentocinquanta milioni) di euro. Tutti questi soldi sono destinati agli imprenditori e aspiranti imprenditori "under 46" (cioè che hanno meno di 46 anni) che vogliono avviare un'attività nelle regioni del Sud Italia (nello specifico: Abruzzo, Basilicata, Calabria, Campania, Molise, Puglia, Sardegna e Sicilia).

Al di là di quali siano i bandi aperti o non aperti, e se i fondi derivino da risorse finanziate dallo Stato italiano oppure dai Fondi Europei, quello che è importante capire è il "perché" del fondo perduto. Ricordi quello che ti ho detto a proposito dell'esigenza di allineare la performance delle regioni del Sud Italia con quelle del Nord? Il fondo perduto entra in gioco proprio per agevolare le regioni del Mezzogiorno italiano poiché sono in "ritardo di sviluppo" rispetto a quelle del Nord. Infatti, proprio per colmare questi ritardi di sviluppo, sia Bruxelles sia lo Stato italiano hanno stabilito che le regioni del Mezzogiorno italiano debbano ricevere un "aiuto" in più rispetto alle regioni del Centro e del Nord.

L'"aiuto in più" di cui ti sto parlando si chiama proprio **contributo a fondo perduto** in quanto è proprio quell'incentivo che serve per convincere gli imprenditori a fare investimenti nelle regioni svantaggiate al fine di sviluppare quei territori. La *ratio* che giustifica l'esistenza del fondo perduto è proprio quella di dare un incentivo in più a quegli imprenditori o aspiranti imprenditori che vogliono continuare o iniziare a fare impresa nelle regioni ritenute più svantaggiate rispetto a quelle che lo sono di meno. Interessante, vero?

A seconda del ritardo e del livello di sviluppo che si vuole raggiungere in una determinata area, il fondo perduto varia (in alcuni casi, anche di molto). In tal senso, si passa da bandi che prevedono contributi a fondo perduto «fino al 25% degli investimenti complessivi», a bandi che possono prevedere «fino al 40% di contributi a fondo perduto». Questo significa che, fatto 100 euro un investimento da realizzare, è possibile ottenere "fino a 40 euro" di contributo a fondo perduto.

Esistono, poi, alcuni bandi che finanziano anche il 100% degli investimenti a fondo perduto! Solitamente, questi bandi sono di entità minore e finanziano piccole somme (di solito 25-30.000 euro). Però voglio darti una buona notizia (che probabilmente già conosci): tantissime imprese che oggi fatturano milioni sono nate grazie a un finanziamento iniziale di poche migliaia di euro.

Il web, per esempio, è strapieno di imprese che sono nate con pochi spiccioli e che, oggi, fatturano milioni. Infatti, per avviare un business online molto spesso bastano davvero pochi euro e, se l'idea è davvero buona e funziona, nel giro di pochissimo tempo è possibile raggiungere livelli di fatturato un tempo impensabili per imprese nate con così pochi soldi. Quello che voglio dirti è che anche tu potresti avere un'idea e che, per farla partire, potrebbero bastare davvero pochi soldi.

Bene. Abbiamo visto che, quando hai avuto un'idea di business e ti rivolgi allo Stato per ottenere un aiuto finanziario (cioè soldi), in presenza di alcune condizioni lo Stato ti potrebbe dire: «Ok, la tua idea mi piace e ho deciso di concederti un finanziamento a fondo perduto». E se il finanziamento a fondo perduto non copre tutti gli investimenti a programma, come si fa? In questo caso (che è quello che si verifica con maggiore frequenza), lo Stato potrebbe intervenire con un "finanziamento a tasso agevolato". In questo momento, non ci interessa sapere se il finanziamento a tasso agevolato deriva da finanziamenti propri dello Stato o dai Fondi Europei. Quello che ci interessa è capire di cosa si tratta.

4.2. Il finanziamento a "*a tasso agevolato*"

Oltre ai contributi a fondo perduto, lo Stato può concedere dei **finanziamenti a tasso agevolato**. In cosa consistono queste agevolazioni? Partiamo dalla solita considerazione e cioè dal fatto che sono degli aiuti che servono per incentivare lo sviluppo delle attività imprenditoriali. Quindi, si tratta di incentivi che sono rivolti all'avviamento di nuove attività oppure che si rivolgono al finanziamento di nuovi investimenti per attività già esistenti.

Domanda: a chi si rivolge, di solito, un imprenditore quando ha bisogno di soldi? Se hai pensato "alla sua banca", la risposta è esatta. Infatti, di solito, la banca è il primo interlocutore a cui si rivolge un imprenditore quando ha bisogno di soldi per fare investimenti. Dopotutto, le banche fanno un mestiere molto semplice: comprano i soldi da una parte a un tasso di interesse e li rivendono dall'altra a un tasso di interesse più alto.

Supponiamo che il sistema bancario venda i suoi soldi al 4%, al quale aggiungere il famigerato Spread (per esempio, del 2%). Quindi, il costo totale del prestito è del 6%. In modo grossolano, se un imprenditore chiede 100.000 euro alla sua banca, questa gli fa pagare 6.000 euro di interessi perché il "tasso di mercato" è il 4%, al quale va aggiunto lo Spread. Quindi, 6.000 euro sono gli interessi da pagare sui 100.000 euro che la banca ha dato all'imprenditore. Tutto chiaro, fin qui? Bene.

Cosa accade quando entra in gioco lo Stato con i finanziamenti a tasso agevolato? Succede che lo Stato presta i soldi all'imprenditore, ma si fa pagare un tasso di interesse sul prestito che è molto più basso rispetto a quello che si fa pagare la banca. Per esempio, nel momento in cui sto scrivendo questo libro, Invitalia sta gestendo un bando che si chiama "Nuove Imprese a Tasso Zero" (NITZ). Osserva attentamente: lo dice il nome del bando stesso qual è il tasso di interesse che Invitalia (cioè il MiSE, cioè lo Stato) applica ai prestiti che concede: *zero*.

Ciò significa che Invitalia concede dei finanziamenti *a tasso agevolato* a un tasso di interesse pari allo zero per cento al quale va aggiunto, come nel caso delle banche, lo Spread. Pertanto, a parità di tutte le altre condizioni, se prendi 100.000 euro con questo bando paghi solo il 2% di Spread, cioè 2.000 euro su un prestito da 100.000. Il risparmio netto è, quindi, di 4.000 euro. In pratica è come se lo Stato si fosse messo a fare concorrenza al sistema bancario nella concessione dei prestiti a tassi di interesse più convenienti.

Certo, sono d'accordo con te: avere la possibilità di ottenere il "fondo perduto" è meglio ed è più vantaggioso perché sono soldi regalati! Però, anche ottenere uno sconto sul tasso di interesse sui soldi presi in prestito è una buona opportunità. Infatti, esistono tantissimi bandi (con fondi dello Stato e con fondi UE) che prevedono solo il tasso agevolato. Ovviamente, non tutti i bandi a tasso agevolato praticano l'interesse "a tasso zero" come il NITZ di Invitalia. Infatti, la tipologia di tasso di interesse agevolato varia da bando a bando.

4.3. Il contributo "in conto interessi"

Come ti ho scritto poco fa, quando un imprenditore ha bisogno di soldi per finanziare gli investimenti per la sua impresa, solitamente il primo interlocutore a cui si rivolge è la sua banca. Quando un imprenditore si rivolge alla sua banca per ottenere un finanziamento, questa applica un tasso di interesse (a cui sommare lo Spread) sui soldi che gli presta.

Il **contributo in conto interessi** è una somma di denaro che viene erogata a fronte della stipula di un contratto di finanziamento, solitamente con scadenza a medio-lungo termine, tra l'impresa e una banca. Il finanziamento viene erogato in virtù di una legge nazionale o regionale, oppure in forza di un regolamento camerale, che istituisce lo strumento finanziario specifico in convenzione con alcune banche. Questo contributo viene erogato dall'Ente Pubblico che gestisce lo strumento e che può essere lo Stato centrale, una regione, una provincia o una Camera di Commercio ed è finalizzato all'**abbattimento del tasso applicato** all'operazione da parte della banca.

In pratica, grazie al contributo in conto interessi, è come se l'impresa beneficiasse di un contributo a fondo perduto sugli interessi che deve pagare alla banca per i soldi che ha ricevuto in prestito. Di conseguenza, l'impresa non paga gli interessi alla banca ma questi vengono pagati direttamente dal contributo.

IL CAPITOLO 4 IN PILLOLE:

1) Il finanziamento *a fondo perduto* consiste in una somma di denaro che viene erogata a un imprenditore a titolo gratuito, ossia senza obbligo di restituzione. Si tratta di soldi che vengono "regalati" a un soggetto o a un'impresa per realizzare nuove idee di business e per fare "sviluppo" in accordo con le "politiche di sviluppo" europee.

2) Il finanziamento *a tasso agevolato* consiste in una somma di denaro che viene erogata a un imprenditore con obbligo di restituzione a un tasso di interesse inferiore a quello praticato dalle banche nel mercato finanziario.

3) Il *contributo in conto interessi* è una somma di denaro che viene erogata a fronte della stipula di un contratto di finanziamento, solitamente con scadenza a medio-lungo termine, tra l'impresa e una banca, ed è finalizzato all'abbattimento del tasso applicato all'operazione da parte della banca.

Capitolo 5:
Il bando pubblico di finanziamento:
i requisiti di accesso e il meccanismo dei punteggi

Siamo arrivati al punto focale della prima parte di questo libro, quello più importante. Adesso, infatti, ti mostrerò perché ti ho raccontato tutto quello che hai letto finora e ti dirò come, anche tu, puoi sfruttare le opportunità offerte dai bandi pubblici di finanziamento per le imprese.

Come ti avevo promesso nel capitolo 1, da questo momento in poi ti dirò le cose che nessuno ti dirà mai e ti spiegherò come puoi fare per aumentare in maniera considerevole le probabilità di ottenere un finanziamento pubblico per la tua impresa. Ti darò, infatti, gli strumenti per interpretare, capire e calcolare se un bando pubblico fa al caso tuo (e della tua impresa) oppure no.

Probabilmente, mentre leggevi il capitolo 1, avrai pensato che parole come "competitività del Sistema Europa", "Europa 2020", "obiettivi europei", "strategie di sviluppo", "requisiti di accesso", "meccanismo dei punteggi" e simili fossero solamente delle cose senza senso e prive di significato, messe lì tanto per inserirle e per parlare di qualcosa. Adesso, magicamente, tutto ciò acquisterà un senso completamente diverso e anche tu avrai la possibilità di sfruttare a tuo vantaggio le opportunità offerte dai bandi pubblici di finanziamento per le imprese.

Sto per dirti, infatti, le cose più importanti che riguardano i bandi pubblici di finanziamento alle imprese che pochissimi imprenditori, aspirati imprenditori e consulenti conoscono. Prima, però, voglio raccontarti quello che mi è successo giusto un paio di giorni fa con un potenziale cliente, poiché mi serve per farti capire la portata delle informazioni che sto per darti.

Sono stato contattato da un potenziale cliente intenzionato a realizzare un affittacamere "luxury" posizionato in pieno centro a Roma. Investimento complessivo di 1.200.000 euro, di cui 900.000 destinati all'acquisto dell'immobile e circa 300.000 destinati alla ristrutturazione dell'appartamento (circa 200 metri quadrati). Il progetto prevedeva la suddivisione dell'appartamento in sei ampie suites da offrire a una clientela "top" alto spendente (disposta, cioè, a spendere anche 300 euro per una notte nell'affittacamere "luxury").

Al di là di qualsiasi considerazione relativa al target marketing, al pricing e alle dinamiche del mercato degli affittacamere e degli alberghi di Roma, il cliente ha detto che voleva avvalersi del bando "Nuove Imprese a Tasso zero" (NITZ) di Invitalia. Infatti, questo bando arriva a finanziare fino a un milione e mezzo di euro e finanzia le attività previste dall'*art. 6 del decreto 8 luglio 2015, n. 140*: «*Sono agevolabili, fatti salvi i divieti e le limitazioni stabiliti dal regolamento de minimis, le iniziative che prevedono programmi di investimento non superiori a 1.500.000,00 euro relativi: a) alla produzione di beni nel settore dell'industria, dell'artigianato, della trasformazione dei prodotti agricoli; b) alla fornitura di servizi, in qualsiasi settore; c) al commercio e al turismo*».

L'art. 6 prevede la possibilità di finanziare anche altre attività, ma mi sono fermato alla citazione del punto c) dell'articolo poiché è quello che ci interessa in questo caso specifico (attività nel settore del "commercio e del turismo"). Quando si parla di **iniziative ammissibili** ci si riferisce ai settori di attività che possono essere finanziati da un bando pubblico. È quello che ho detto nelle pagine precedenti a proposito del fatto che i bandi pubblici di finanziamento alle imprese hanno degli obiettivi da realizzare e, in base a questi obiettivi, decidono cosa finanziare e cosa no.

Quindi, anche nel caso del NITZ entra in gioco il primo e il più importante dei **requisiti di accesso**: la verifica del **Codice ATECO**. Te ne parlerò tra poco, appena finirò di raccontarti di questo cliente. Dunque, una delle caratteristiche del NITZ è la durata del finanziamento: otto anni. Sta scritto nel bando, all'*art. 8, comma 1, del Decreto 8 luglio 2015, n. 140*: «*Le agevolazioni di cui al presente regolamento sono concesse ai sensi e nei limiti del regolamento de minimis e assumono la forma di un finanziamento agevolato per gli investimenti, a un tasso pari a zero, **della durata massima di otto anni** e di importo non superiore al 75% della spesa ammissibile*».

Cosa significa la previsione dell'art. 8, comma 1 che ti ho citato sopra? Significa una cosa molto semplice: i soldi presi in prestito agevolato (a tasso zero) **devono essere restituiti entro otto anni**. Questo è uno dei motivi per i quali, solitamente, suggerisco il NITS solo a chi deve chiedere un finanziamento di entità ridotta (massimo 250-300.000 euro), oppure a chi vuole avviare un business ad altissima redditività. Infatti, la previsione di un periodo di tempo così breve per la restituzione di un prestito rischia di compromettere i margini di profitto di un'attività con "normale" redditività e rischia di mettere in pericolo la sua tenuta a livello finanziario.

Ora, io capisco che un bando pubblico che finanzia l'acquisto di un immobile faccia gola a tantissimi imprenditori e aspiranti tali. E capisco anche che un finanziamento «*fino a un milione e mezzo di euro*» spalanchi orizzonti sconosciuti a chi deve realizzare investimenti di una certa rilevanza! Però capisco ancora meglio la spietata e fredda logica dei numeri: un finanziamento di 1.200.000 euro diviso per gli otto anni di restituzione previsti dal bando (cioè 96 rate), implica una rata mensile di restituzione del prestito di 12.500 euro!

A questa, poi, occorre aggiungere i costi fissi e variabili che devono essere considerati per garantire la gestione quotidiana dell'attività, nel tempo. Senza farne un elenco esaustivo, diciamo che per gestire in modo efficiente una struttura del genere sarebbero serviti almeno altri 12-15.000 euro al mese, per un totale di uscite finanziarie mensili di circa 24-27.000 euro, e forse più. Sicuramente, un bell'impegno dal punto di vista economico e finanziario che mette a forte rischio la redditività complessiva del business.

A queste considerazioni vanno aggiunte anche quelle relative al periodo di avviamento necessario a mettere in movimento la macchina. Infatti, affinché la nuova struttura ricettiva venga accettata e accreditata presso i portali di prenotazione online, è necessario qualche mese di tempo. Dopo di che la struttura ha bisogno di altro tempo e di altre attività al fine di scalare il ranking all'interno di questi portali ed essere "visibile" nelle prime pagine dei portali al fine di attirare prenotazioni.

Quindi, è ottimistico affermare che, prima che la struttura inizi a realizzare numeri necessari alla copertura dei costi, sono necessari almeno sei mesi di tempo (sono un inguaribile ottimista...). Mi sembra evidente una cosa: durante questo periodo di sei mesi, servono altri soldi per mandare avanti la gestione corrente dell'attività la quale, in attesa di entrare nella "fase positiva" del cash flow, assorbe risorse finanziarie invece di produrne. E, ovviamente, servono incassi anche per pagare 12.500 euro di rata mensile del prestito del NITZ.

Per questo e altri motivi che non cito in questa sede, ho detto al cliente che la sua idea non sarebbe stata considerata "cantierabile" da Invitalia e, pertanto, sarebbe stato difficile (e anche molto pericoloso) farsela finanziare. Oltre alle considerazioni di cantierabilità dell'idea, gli ho posto alcune considerazioni relative al tempo necessario per recuperare l'investimento: troppo lungo e, quindi, contrario ad alcune logiche economico-finanziarie.

Il cliente mi ha detto di non aver letto l'articolo 8 del bando e, quindi, di essere all'oscuro della durata del finanziamento. Ovviamente ci è rimasto male, perché avrebbe voluto portare a termine il suo investimento. Però mi ha ringraziato per averlo messo in guardia sul pericolo che avrebbe corso qualora avesse portato a termine un investimento così oneroso (e pericoloso).

Hai letto la storia del mio amico Chicco che ti ho raccontato all'inizio di questo libro? Se l'hai letta, avrai certamente capito che non si partecipa a un bando pubblico di finanziamento alle imprese perché "basta compilare una specie di domanda di finanziamento". Nei bandi pubblici di finanziamento alle imprese c'è scritto *tutto* quello che occorre sapere per capire se è il caso di partecipare oppure no. E c'è anche tutto quello che occorre sapere per capire se ci sono probabilità di ottenere i finanziamenti richiesti.

5.1. I requisiti di accesso

Eccoli qui, siamo arrivati! In più di un'occasione, nelle pagine precedenti, ho fatto riferimento ai *requisiti di accesso* quale condizione essenziale per presentare una domanda di finanziamento per la tua impresa e per aumentare le probabilità di ottenere il finanziamento stesso. In modo confidenziale, ho rinominato questi requisiti i "paletti", poiché, di fatto, sono dei veri e propri limiti che vengono imposti per partecipare a un bando.

Attenzione! Moltissimi imprenditori e aspiranti imprenditori pensano che sia sufficiente possedere solo alcuni dei requisiti di accesso previsti da un bando. Così facendo, commettono un **errore**

clamoroso. Infatti, per partecipare a un bando di finanziamento alle imprese e, soprattutto, per avere qualche possibilità di ottenere il finanziamento stesso, è necessario avere **tutti** i requisiti di accesso previsti. Non basta averne solo alcuni, occorre avere tutti quelli previsti dal bando. Se ne manca anche uno solo, scatta l'"**inammissibilità** della domanda di finanziamento".

Quello che hai appena letto significa che, *se non hai **tutti** i requisiti di accesso a posto, puoi anche partecipare al bando, ma le probabilità di ottenere il finanziamento che ti serve sono pari a zero!* Praticamente, perdi tempo e butti soldi. Scusa la crudezza della comunicazione, ma fin troppe volte ho sentito dire frasi come: «Ho cinque requisiti sui sei richiesti; posso presentare comunque la domanda di finanziamento al bando?» oppure «Avevo tutti i requisiti in regola tranne uno e mi hanno respinto la domanda di finanziamento: sono troppo fiscali!»

Non sono fiscali quelli della Pubblica Amministrazione e non sono nemmeno "brutti e cattivi". Te lo ripeto: queste sono le regole del gioco. Se le rispetti, puoi usarle a tuo vantaggio e puoi vincere. Se non le rispetti, le probabilità di vincere sono pressoché nulle. *La verifica del possesso di tutti i requisiti di accesso è la prima cosa che devi assolutamente fare prima di partecipare a un bando pubblico per finanziare la tua impresa!*

Quella dei requisiti di accesso è solo una delle tantissime cose che nessuno ti dice né ti dirà mai. In questi ultimi vent'anni, infatti, spesso ho potuto verificare di persona il fatto che molti dei vari "consulenti" improvvisati non avevano nemmeno controllato il possesso dei requisiti di accesso da parte dei clienti ai quali avevano fatto "consulenza".

Questi "consulenti", di solito, scrivono il business plan per conto del cliente, compilano i format online per fare la domanda di finanziamento, inviano tutto alla Pubblica Amministrazione competente, si fanno pagare qualche migliaio di euro di parcella per il "servizio" reso e aspettano la risposta. La quale, in troppi casi, è una bocciatura, proprio per "mancanza dei requisiti di accesso". Ovviamente, ora, dopo averteli nominati tantissime volte, forse ti starai chiedendo: «Ma quali sono questi requisiti di accesso?» Te li presento.

5.1.1. L'età del proponente o dell'impresa

Uno dei requisiti maggiormente utilizzati nella prassi è quello dell'**età del proponente** (cioè la persona che propone l'idea di business e presenta la domanda di finanziamento). Molti bandi pubblici che vogliono stimolare l'imprenditorialità sono rivolti a giovani che hanno un'età *«compresa tra i 18 e i 35 anni»*.

Ovviamente, se hai più di 35 anni (per esempio 36 o più) sei fuori e non puoi partecipare. Quindi, verifica questo requisito dell'età all'interno del bando. Non tutti i bandi pongono un limite di età per il proponente. Molti, infatti, non prevedono questo requisito, quindi chiunque può partecipare al bando (purché in possesso degli altri requisiti richiesti).

Un altro requisito di accesso è l'**età dell'azienda**: anche in questo caso, spesso i bandi sono rivolti ad aziende in start-up oppure ad aziende già operative e, in base alle previsioni del bando, varia il periodo da considerare come "avvio" dell'azienda stessa. In alcuni casi, per esempio, il limite di età dell'azienda può essere stabilito *«nei 12 mesi precedenti la presentazione della domanda di finanziamento»*, mentre in altri casi questi 12 mesi potrebbero decorrere *«dalla data di pubblicazione del bando»*. Come puoi capire facilmente, un conto è la data di presentazione della domanda di finanziamento, un altro conto è la data di pubblicazione del bando.

Sono due date completamente differenti poiché la prima (data di presentazione della domanda) è il giorno in cui fai l'invio telematico della domanda di finanziamento all'Ente che gestisce il bando; la seconda (data di pubblicazione del bando), invece, è la data in cui il bando viene pubblicato sulla Gazzetta Ufficiale della Repubblica Italiana o della Regione che gestisce il bando. Questo requisito può variare da bando a bando e il tuo compito è di verificare che rientri nella previsione.

Attenzione! In merito all'età dell'impresa, devi tenere presente una cosa molto importante: sebbene la maggior parte dei bandi pubblici si rivolga alle imprese "già costituite", e quindi già operative, molti di questi bandi si rivolgono a imprese "da costituire". Ciò significa che, se hai avuto un'idea di business e la vuoi sviluppare contenendo il rischio, puoi partecipare al bando come "impresa da costituire" in attesa dell'esito dell'istruttoria. Solitamente, poi, se il tuo progetto è stato dichiarato «*ammesso al finanziamento*», hai un certo arco temporale per andare dal notaio e costituire la società. Questo arco temporale è stabilito dal bando e tu devi costituire la tua società nel tempo indicato.

5.1.2. Il codice ATECO

Un altro importantissimo requisito di accesso è il **codice ATECO**, ossia l'identificazione del settore all'interno del quale opera la tua azienda (già costituita o da costituire, a seconda del bando). Non so se lo sai, ma ogni attività possibile e immaginabile è "codificata" all'interno di una lista che include tutti i settori economici in cui è possibile operare, dal punto di vista sia della produzione dei beni sia dell'erogazione dei servizi. Puoi trovare l'elenco completo dei codici ATECO (compreso quello della tua attività) cliccando su questo link:

https://www.agenziaentrate.gov.it/wps/wcm/connect/f1e6378042 6a5c1590c59bc065cef0e8/Tabella_raccordo_Atecofin2004_Atec o2007_01_01_09_2.pdf?MOD=AJPERES&CACHEID=f1e6378 0426a5c1590c59bc065cef0e8

Attenzione! Il codice ATECO non è un codice che attribuisci a caso alla tua attività, ma è un codice che scegli insieme al tuo commercialista poiché identifica proprio la tua attività e quello che fai. Il codice ATECO deve essere comunicato agli Enti preposti quali la CCIAA della tua provincia e l'Agenzia delle Entrate. Di solito, i bandi pubblici di finanziamento alle imprese indicano chiaramente quali sono i codici esclusi dal finanziamento e quali, invece, sono ammessi: sarà sufficiente controllare che il codice ATECO della tua attività rientri nell'ambito di quelli finanziabili dal bando per capire se puoi partecipare oppure no.

5.1.3. I progetti ammissibili

Un altro dei requisiti di accesso molto importante, che discende direttamente dal codice ATECO, è rappresentato dai **settori ammessi**. Ricordi quando ti avevo anticipato che, se la tua attività rientrava nell'ambito degli obiettivi dell'"Agenda 2014-2020" oppure dell'"Agenda 2021-2027", avevi molte più probabilità di ottenere il finanziamento? Ecco, siamo arrivati al punto.

Dunque, partiamo dall'inizio e cioè da una considerazione: prendiamo a caso uno degli obiettivi dell'"Agenda 2021-2027", per esempio la *digitalizzazione*. Come sappiamo tutti, ormai i computer (dai laptop fino agli smartphone) gestiscono le nostre vite. Ogni giorno, infatti, vengono inventati nuovi programmi e nuove applicazioni che servono a rendere più facili le nostre vite. Immagina che la tua azienda operi nel settore dello sviluppo di applicazioni per smartphone, mentre io ho un'azienda che opera nel settore turistico (mi occupo di trasporto turisti dall'aeroporto di Fiumicino al centro di Roma, codice ATECO: 79.90.19).

Immagina che esca un bando che finanzia «*tutte le attività, escluse quelle nei settori della pesca e agricoltura*» e immagina che il bando conceda «*contributi a fondo perduto fino a 35.000 euro*». Quindi, ci stanno dentro sia la tua attività sia la mia, visto che nessuno dei due opera nell'ambito dell'agricoltura o della pesca. Tu potresti ottenere i soldi per sviluppare l'ultima App su cui stai lavorando da un anno e io potrei acquistare un altro Minivan per la mia compagnia di trasporti per turisti.

Per semplicità, supponi che abbiamo entrambi tutti gli altri requisiti di accesso in ordine e supponi la "parità di tutte le altre condizioni" tra la mia domanda di finanziamento e la tua. Secondo te, chi dei due ha **maggiori probabilità** di ottenere il finanziamento? La risposta è semplice: tu. Infatti, per il semplice fatto che la tua azienda opera nel settore della *digitalizzazione* (che è un obiettivo prioritario dell'"Agenda 2021-2027") tu hai molte più probabilità di ottenere il finanziamento rispetto a quelle che ho io.

Attenzione! Questo non significa che tu otterrai sicuramente il finanziamento e io no: significa, semplicemente che, se la Pubblica Amministrazione è costretta a fare una scelta tra la tua azienda e la mia (perché sono finiti i soldi del bando, per esempio), molto probabilmente sceglierà di finanziare la tua attività e non la mia, proprio perché tu operi nell'ambito degli obiettivi considerati "prioritari" dalle politiche di sviluppo dell'UE e io no.

A causa degli obiettivi prioritari dell'UE, molto spesso vengono respinte domande di finanziamento per idee di business molto valide, molto redditizie e anche interessanti, ma che non rientrano nell'ambito degli obiettivi considerati "prioritari" dall'UE. Gli imprenditori "respinti" ci restano male, si arrabbiano e restano con un palmo di naso proprio per via delle politiche dell'UE. Dopotutto, i requisiti di accesso sono messi lì appositamente per fare entrare qualcuno e per lasciare fuori qualcun altro. Li ho chiamati i "paletti" proprio per questo.

5.1.4. La forma giuridica dell'impresa

La forma giuridica dell'impresa è un altro dei requisiti di accesso richiesti dai bandi pubblici di finanziamento alle imprese. Senza dilungarmi troppo e senza fare un trattato di diritto societario, la forma giuridica di un'impresa è il "vestito" che si vuole dare alla propria attività.

Le forme giuridiche previste dal nostro ordinamento sono:

- **Ditta Individuale**.

- **Società di Persone** (Società Semplice; Società in Nome Collettivo; Società in Accomandita Semplice).

- **Società di Capitali** (Società a Responsabilità Limitata; Società a Responsabilità Limitata Semplificata; Società per Azioni; Società in Accomandita per Azioni; Società Cooperative).

Non entro nel merito di domande come «Quale forma giuridica è la migliore per la mia attività?» o simili poiché non è questa la sede per rispondere. Quello che voglio dirti è che alcuni bandi pubblici incoraggiano la creazione e/o lo sviluppo di ditte individuali e/o Società a Responsabilità Limitata Semplificata (Srls). Altri bandi, invece, sono rivolti alle Ditte Individuali a tutte le Società di

Persone e a tutte le Società di Capitali «*escluse le Società Cooperative*» per le quali, spesso, vengono creati dei bandi *ad hoc*.

La cosa che devi fare tu è verificare quali sono le forme giuridiche ammesse al bando e poi leggere la Visura Camerale della tua società per verificare che la tua attività sia ricompresa nell'elenco delle "forme giuridiche ammesse". Ovviamente, se la tua attività ha forma giuridica di Srl e il bando prevede «*finanziamenti a fondo perduto fino a 100.000 euro diretti alle società di persone*», mi sembra evidente che non hai il requisito di accesso richiesto e che, di conseguenza, il bando non fa per te.

5.1.5. La localizzazione

Questo è un altro requisito di accesso che, spesso, non viene preso nella giusta considerazione perché viene dato per scontato. La "localizzazione" è il luogo in cui l'azienda ha la sua sede legale e/o quella operativa, le quali non sempre coincidono. Questo requisito di accesso va tenuto presente perché spesso i bandi si rivolgono alla sede operativa dell'impresa e non a quella legale. Oppure, si rivolgono a quella legale e non a quella operativa.

In quest'ultimo caso significa che al bando non interessa sapere dove si gestisce l'attività amministrativa, ma interessa dove viene effettuata la produzione o l'erogazione del servizio, cioè dove sono gli operai e i lavoratori più svantaggiati, tanto per essere più chiari. Infatti, se l'obiettivo del bando è quello di «*riqualificare e reinserire i lavoratori colpiti dalla crisi industriale del distretto tal dei tali*», potrebbe darsi che lo stesso bando esprima con chiarezza il fatto che viene privilegiata la sede operativa rispetto a quella legale.

Questo requisito di accesso è molto importante poiché risponde a esigenze rivolte allo sviluppo di determinate aree. Pertanto, se il bando è rivolto «*alle imprese che hanno la sede legale e operativa nella Regione Campania*», è inutile fare domanda di finanziamento se la tua attività ha sede legale e operativa nella Regione Calabria o in qualsiasi altra regione italiana.

5.1.6. La cantierabilità: fatturato, indebitamento e altri indicatori aziendali

Un altro requisito di accesso importantissimo è la **cantierabilità**, ossia la possibilità di "mettere in cantiere" la tua idea di business.

Ciò significa avere la possibilità di rendere realizzabile la tua idea di business sotto diversi punti di vista.

La cantierabilità dipende da fattori quali:

a) assenza di impedimenti formali ai fini dell'iter autorizzativo;

b) disponibilità dei locali nei quali si svolgerà l'attività;

c) conformità dei locali stessi alle norme vigenti;

d) compagine sociale con know-how specifico nel settore;

e) risorse umane che abbiano i requisiti di professionalità previsti;

f) adeguate disponibilità finanziarie per avviare il progetto;

g) adeguata redditività dell'idea imprenditoriale.

Quando decidi di partecipare a un bando pubblico per finanziare nuovi investimenti, devi tenere in considerazione l'elenco degli aspetti che determinano la cantierabilità della tua idea di business. La cantierabilità è fondamentale per l'approvazione di un progetto. Mi viene in mente, per esempio, il caso di un'azienda che era arrivata a due passi dalla delibera di approvazione ma che, purtroppo, non aveva ancora ricevuto il parere favorevole della Sovrintendenza ai Beni Culturali per effettuare alcuni scavi.

L'Amministrazione che avrebbe dovuto dare il parere favorevole al finanziamento ha aspettato qualche mese ma, trascorsa inutilmente l'ultima proroga, si è vista costretta a non ammettere a finanziamento il progetto dell'impresa, proprio per la *mancanza di cantierabilità* del progetto, perché l'iter autorizzativo non era giunto al termine. Mancava solo quell'autorizzazione.

Allo stesso modo, ricordo anche il caso di quel cliente che venne da me dopo aver chiesto un finanziamento pubblico per aprire un forno per la produzione di pane e dolci. Aveva fatto regolare domanda di finanziamento e aveva presentato anche la documentazione relativa alla disponibilità del locale in cui svolgere l'attività. Sembrava essere tutto in regola. Purtroppo, però, dopo alcune verifiche effettuate dall'Amministrazione competente, risultò che il locale non era idoneo allo svolgimento dell'attività, poiché mancava l'autorizzazione alla realizzazione della canna fumaria. Anche in questo caso l'Amministrazione concesse al cliente del tempo per sanare la situazione ma, purtroppo, la situazione non fu sanata. Anche in questo caso fu revocata l'ammissione all'agevolazione e al contributo a fondo perduto.

A questo punto, e senza voler dare l'impressione di fare uno spot pubblicitario a favore della Pubblica Amministrazione, è giusto dirti una cosa importantissima. Spesso, le varie Pubbliche Amministrazioni che gestiscono i bandi fanno davvero di tutto per dare i soldi agli imprenditori: dalla concessione di proroghe a richieste di "integrazione di documentazione", passando attraverso il cambio di compagini sociali e variazioni sugli investimenti da realizzare. Quello che voglio dirti è che le varie Amministrazioni non giocano al gioco del *respingiamo tutte le domande di finanziamento* così, tanto per fare un dispetto a qualcuno. Anzi!

Di solito, fanno di tutto per mettere l'imprenditore nelle condizioni di poter essere "in regola" con tutti gli aspetti amministrativo-burocratici e per fargli arrivare il finanziamento. Quando concedono proroghe e chiedono integrazioni di documentazione, lo fanno perché vogliono capirci di più, perché vogliono vederci più chiaro, perché hanno bisogno di informazioni aggiuntive prima di decidere se "erogare" oppure no.

Se poi un imprenditore non si mette in regola con le richieste avanzate, oppure non provvede a regolarizzare la sua posizione entro i termini di proroga che vengono concessi, non credo si possa dare la colpa alla Pubblica Amministrazione competente.

5.1.7. I preventivi dei fornitori

Te lo dico subito: i preventivi dei fornitori non sono dei veri e propri requisiti di accesso, ma rappresentano uno degli aspetti più importanti che concorrono all'approvazione di una domanda di finanziamento. Seguimi con attenzione. Ancora una volta parto da lontano, ma ho bisogno che ti sia chiara una certa logica per arrivare a dirti quello che ti devo dire sull'importanza di questi preventivi. Ancora una volta, devo contestualizzare.

Dunque, molto spesso mi è stata posta questa domanda: «*Ho sentito dire che c'è un bando pubblico che potrebbe farmi arrivare dei soldi. Che tipo di attività posso intraprendere?*» Quello che hai appena letto è il classico **ragionamento al contrario**, tipico di chi non ha le idee chiare ma sa che ci sono dei soldi "da prendere" e li vuole arraffare per "fare qualcosa".

Un "progetto" in cui qualcuno dice «intanto dammi i soldi, poi vediamo cosa posso farci» non è un progetto o un'idea di business, bensì un modo come un altro per provare a sbarcare il lunario. Il ragionamento "dritto" è quello in cui l'imprenditore ha avuto un'idea di business, la vuole realizzare e, per realizzarla, ha fatto fare tutti i preventivi dai fornitori relativi agli investimenti da affrontare. Pertanto, necessita di *quel tot* di finanziamenti e ha deciso di chiederli allo Stato tramite un bando pubblico.

Messa così, mi rimane abbastanza semplice ipotizzare che questo imprenditore sappia esattamente cosa deve fare e che conosca per filo e per segno tutto quello che gli serve per realizzare la sua idea. Un imprenditore del genere esprime una certa **chiarezza di intenti** che diventa un elemento di importanza strategica e fondamentale per ottenere un finanziamento pubblico. Quello che voglio dirti è che, tra le varie cose che avrai sicuramente chiare nella tua testa per realizzare la tua idea, ce ne dovrebbe essere una, la più importante: sto parlando proprio dell'ammontare complessivo degli investimenti che devi effettuare, quello che io chiamo **"lista della spesa"**.

Se, per esempio, vuoi aprire il tuo ristorante, immagino che tu abbia un'idea abbastanza precisa di quanto costano:

- I tavoli con le sedie, i piatti, le forchette, i coltelli, i bicchieri

- L'allestimento della cucina (stigliature più pentolame vario).

- Il banco bar più eventuali celle frigorifere e/o freezer.

- La cantina per la conservazione dei vini.

- Le opere di ristrutturazione, gli impianti di condizionamento.

- La canna fumaria e le autorizzazioni di vario genere richieste.

Allo stesso identico modo, se devi effettuare nuovi investimenti per ampliare la tua attività già operativa, oppure per migliorarne l'efficienza produttiva, immagino che tu sappia di cosa hai bisogno e, soprattutto, quanto costa quello che ti serve. Giusto? Bene. Dove hai preso tutte le informazioni relative al costo degli investimenti che devi realizzare? Chi ti ha detto che *il frigorifero per mantenere gli alimenti costa 5.400 euro*, che *i mobili e gli arredi che hai scelto costano 57.000 euro*, oppure che la cucina del tuo super ristorante *costa 112.000 euro*?

Queste informazioni le hai prese da qualche fornitore al quale hai chiesto un preventivo, oppure sei andato "a naso"? Io sono convinto che non hai proceduto "a naso" ma sei andato dal singolo fornitore e gli hai detto: «Buongiorno, signor Fornitore, ho bisogno di questo frigorifero per allestire il mio ristorante e volevo sapere quanto costa». Oppure gli hai detto: «Buongiorno, signor Fornitore, devo allestire la cucina e volevo sapere quanto mi costa farla così e cosà». Giusto?

E cosa ha fatto il fornitore di turno? Ha preso un bel foglio di carta intestata e ti ha fatto il preventivo per farti sapere quanto costa quello che gli hai chiesto. Poi sei andato da un altro fornitore, perché ti serve un altro investimento, gli hai fatto la stessa domanda e lui ti ha dato un altro preventivo. E così via per tutti i fornitori e tutti i preventivi. Supponiamo che la somma dei preventivi che ti hanno dato i vari fornitori sia pari a 567.500 euro.

E adesso arrivo al punto. Quando tu sai a quanto ammontano gli investimenti che devi realizzare, sai anche di quanti soldi hai bisogno per acquistarli. Quindi, quando conosci la somma di cui hai bisogno per realizzare la tua idea, puoi andare da chi gestisce un bando pubblico di finanziamento e dirgli: *«Buongiorno, io ho un'idea di business che funziona e ho bisogno di 567.500 euro per realizzarla. Questo è il progetto della mia idea e questi sono i preventivi di spesa per acquistare tutto ciò di cui ho bisogno. Io ho a disposizione circa centocinquantamila euro e ho bisogno di un finanziamento per la copertura della parte rimanente»*. Presentarsi a un potenziale partner finanziario in questo modo è decisamente diverso dal farlo con frasi come *«Ho sentito dire che c'è un bando pubblico che potrebbe farmi arrivare dei soldi...»* che ti ho citato prima. Sei d'accordo vero?

Attenzione! Chiedere un finanziamento e avere le idee chiare su "cosa" occorre fare, su come bisogna farlo e su quanto costa realizzarlo non significa che il finanziamento arriverà sicuramente; significa solo avere le idee chiare e presentarle con altrettanta chiarezza. Così facendo, a parità di tutte le altre condizioni, le probabilità di ottenere il finanziamento aumentano incredibilmente, perché qualsiasi finanziatore (pubblico, privato o bancario) ti farà sempre la stessa domanda: «Cosa ci devi fare con questi soldi?» E, in base alla completezza della risposta che darai, cresceranno o diminuiranno le probabilità di ottenere quello di cui hai bisogno, che siano soldi, una partnership o l'ingresso di un nuovo socio nella compagine della tua azienda.

E adesso ti dico un'altra delle tante cose che nessuno ti dirà mai:

immagina di chiedere un finanziamento pubblico per realizzare la tua idea di business. Immagina di presentare la tua domanda di finanziamento con il business plan e con tutti i preventivi di spesa allegati. E immagina che l'Ente che gestisce il finanziamento pubblico (Invitalia, una finanziaria regionale, una CCIAA o altri) abbia letto il tuo progetto e abbia deciso di darti i soldi. Bene!

Quello che vorrei che ti fosse chiaro è che l'Ente che ha deciso di finanziarti l'idea ti finanzierà **proprio quell'idea**, quel progetto, con quegli investimenti ai quali corrispondono proprio quei preventivi che hai presentato. I preventivi servono per dare l'idea precisa di quello che devi realizzare. Questo significa che, se presenti preventivi per 600.000 euro, poi non puoi chiedere un finanziamento da 800.000 euro, perché questi 800.000 euro non sono avvalorati da adeguati preventivi di spesa.

Infatti, il punto di partenza di qualsiasi business plan è proprio l'ammontare degli investimenti previsti e questo ammontare dipende proprio dai preventivi dei fornitori. Inoltre, un'altra cosa importantissima da sapere è che *questi bandi non finanziano l'IVA bensì solo il costo netto* dell'investimento. Quindi, nel momento in cui presenti la "lista della spesa" fai attenzione al valore dell'IVA.

5.2. Il meccanismo dei punteggi

Nelle pagine precedenti ti avevo preannunciato che l'ottenimento di un finanziamento pubblico avveniva tramite il *meccanismo dei punteggi*. In quelle pagine avevo paragonato questo meccanismo alla famosa battuta della laurea presa "con i punti", ricordi? Bene. Adesso è arrivato il momento di svelare anche quest'altro piccolo segreto.

Devi sapere che ogni bando stabilisce un punteggio minimo da raggiungere per ottenere il finanziamento e *questo punteggio minimo deriva dalla somma di una serie di punteggi che vengono assegnati a vari parametri.* Quali sono questi parametri? Te ne cito alcuni perché i parametri variano da bando a bando e sono tanti.

Quelli più frequenti sono:
a) coerenza e adeguatezza delle competenze dei soci;
b) coerenza degli aspetti tecnico-produttivi del processo produttivo;
c) innovazione di processo, prodotto, marketing e organizzazione;

d) potenzialità del mercato di riferimento;

e) potenzialità del vantaggio competitivo del proponente;

f) sostenibilità economico-finanziaria dell'iniziativa;

g) coerenza tra fonti di copertura e fabbisogno finanziario;

h) cantierabilità del progetto (vedi sopra)

i) incremento occupazionale in termini di giovani e donne;

j) insediamento in alcune aree considerate "disagiate".

Questi sono alcuni dei tanti parametri che vengono utilizzati per stabilire il punteggio minimo da raggiugere per essere considerato **"idoneo e beneficiario"** del finanziamento. Come ti ho detto, ogni bando presenta alcuni o tutti questi parametri e ogni bando assegna al singolo parametro un punteggio. Uno dei parametri che attribuisce un maggior punteggio nei vari bandi in circolazione è quello relativo **alla coerenza e all'adeguatezza delle competenze dei soci**. Una compagine sociale composta da soggetti esperti del business che stanno proponendo riduce il rischio di fallimento e aumenta le probabilità di successo dell'iniziativa.

Quando la compagine sociale è composta da persone che conoscono bene il loro lavoro, infatti, si riducono le probabilità di andare incontro al fallimento. Ti dico questo per il semplice fatto che l'inadeguatezza della compagine sociale è una delle principali cause di rigetto delle domande di finanziamento sia pubblico che bancario. Io stesso ho presentato due progetti con due domande di finanziamento a due Pubbliche Amministrazioni diverse (Comune di Roma e Lazio Innova) e ho ottenuto i finanziamenti in entrambe le occasioni. Il motivo più importante per il quale ho ottenuto entrambi i finanziamenti è proprio dovuto al fatto che ho presentato i progetti in un settore nel quale opero da oltre vent'anni.

IL CAPITOLO 5 IN PILLOLE:

1) I **requisiti di accesso** sono quelle caratteristiche specifiche che occorre possedere per partecipare a un bando pubblico di finanziamento alle imprese. Non è sufficiente possedere "alcuni" di questi requisiti ma vanno posseduti tutti;

2) L'**età del proponente o dell'impresa** è uno dei requisiti di accesso maggiormente utilizzati e riguarda l'età "minima" o massima che può (o deve) avere chi propone l'idea di business oppure la sua impresa. Molti bandi pubblici di finanziamento per le imprese sono rivolti a «*giovani con un'età compresa tra i 18 e i 35 anni*» oppure a imprese «*costituite da meno di 24 mesi*». Questo significa che, se hai 40 anni, oppure se la tua impresa è costituita da cinque anni, non puoi partecipare al bando pubblico;

3) Il **codice ATECO** identifica tutte le attività produttive e di erogazione di servizi e viene dato all'impresa all'avvio dell'attività. Alcuni bandi finanziano attività proprio in base al codice ATECO. Pertanto, per partecipare a un bando, è necessario avere il codice ATECO previsto dall'avviso pubblico;

4) Il progetto di un'idea imprenditoriale è **ammissibile** a un bando

quando rientra nell'ambito degli obiettivi di sviluppo che sono stati decisi dall'UE. Se il progetto di un'idea imprenditoriale rientra nell'ambito degli obiettivi prioritari che sono stati decisi dall'UE, le probabilità di ottenere un finanziamento aumentano notevolmente;

5) La **forma giuridica** dell'impresa è un altro requisito di accesso per partecipare a un bando pubblico. Spesso i bandi pubblici di finanziamento alle imprese sono rivolti a determinate forme giuridiche e ne escludono altre. Pertanto, se hai una Società per Azioni e il bando pubblico è diretto a «*Ditte Individuali e Società di Persone*», non puoi partecipare;

6) Anche la **localizzazione** (ossia l'indirizzo in cui si trova la sede legale e/o operativa della tua attività) è un requisito di accesso utilizzato in tantissime occasioni. Ci sono bandi diretti espressamente a determinate aree poiché l'obiettivo è quello di sviluppare, riqualificare e/o riconvertire un territorio specifico;

7) La **cantierabilità** di un progetto consiste nella verifica del fatto che è possibile "mettere in cantiere" l'idea di business. Questo requisito di accesso risente di una serie variabili quali, per esempio, la disponibilità dei locali in cui si svolgerà l'attività,

oppure la presenza di una compagine sociale con un know-how specifico nel settore di riferimento;

8) Il **meccanismo dei punteggi** è il sistema utilizzato per valutare la probabilità che il progetto di un'idea di business riesca a ottenere un finanziamento pubblico. Si basa sull'assegnazione di un "punteggio" per ogni area considerata rilevante ai fini dell'istruttoria. Più punti si accumulano nelle varie sezioni di un progetto e più diventa probabile ottenere il finanziamento che è stato chiesto.

Capitolo 6:
L'iter di un bando:
dalla pubblicazione alla rendicontazione

Te lo dico subito, così puoi prepararti mentalmente: in questo capitolo ti parlerò dell'argomento forse più noioso che bisogna affrontare quando si parla di un bando pubblico di finanziamento alle imprese. Ti illustrerò, infatti, l'iter burocratico che segue un bando pubblico e farò un po' di luce su quegli aspetti del bando stesso che di solito vengono snobbati ma che fanno la differenza tra l'ottenere un finanziamento e il non ottenerlo.

Mentre leggerai questo capitolo, infatti, scoprirai le ragioni principali per colpa delle quali tantissime domande di finanziamento vengono respinte. In questo capitolo ti svelerò altre "regole del gioco" che ti serviranno per aumentare incredibilmente le probabilità di ottenere un finanziamento pubblico per la tua attività o per la tua idea, se sei un aspirante imprenditore.

Questo capitolo, infatti, è dedicato alla famosa "ignoranza" di cui ti ho parlato nelle prime pagine. In questo libro non esprimo le mie posizioni pro o contro l'Europa, ma mi limito a esporre, relativamente ai bandi pubblici, alcuni aspetti "tecnici" di cui non parla nessuno ma che nascondono le *enormi opportunità* offerte dal sistema dei fondi pubblici ed europei per lo sviluppo della nostra economia.

Tutto quello che hai letto finora, infatti, mi è servito per "contestualizzare" quello che leggerai da adesso in poi e per farti capire come puoi sfruttare a tuo vantaggio quello che c'è a disposizione per far crescere la tua impresa, oppure per farla partire, se sei un aspirante imprenditore. Come ti ho scritto in precedenza, *più "regole del gioco" conosci e più alte sono le probabilità che hai di vincere la partita.*

Dunque: quando si parla di "bandi pubblici di finanziamento alle imprese" ci sono due variabili fondamentali che devono essere tenute presenti: 1) *la data di presentazione della domanda di finanziamento* e 2) *il numero di protocollo.* A questo proposito, vorrei darti uno di quei suggerimenti di cui ti ho parlato e che nessuno ti dà: quando apre un bando pubblico che potrebbe finanziare la tua idea di business, non aspettare l'ultimo giorno per inviare e far protocollare la domanda di finanziamento, poiché potrebbe essere troppo tardi.

Infatti, a meno che non ci si trovi di fronte a qualche "fondo rotativo", *le risorse finanziarie (cioè i soldi) che mettono in un bando sono limitate.* Questo significa che se, per esempio, in un bando ci mettono 5 milioni di euro, il bando finanzia «*fino a 100.000 euro*» e ogni impresa chiede il massimo del finanziamento possibile (cioè proprio 100.000 euro), potranno essere finanziate al massimo 50 imprese. E cosa fanno, di solito, moltissimi imprenditori e anche tantissimi aspiranti imprenditori? Si riducono all'ultimo momento.

Questo atteggiamento è molto diffuso ed è uno dei tanti motivi per i quali le domande di finanziamento, spesso, vengono respinte proprio a causa dell'**esaurimento dei fondi a disposizione**. Se, infatti, per presentare la tua domanda ti riduci all'ultimo secondo, è molto probabile che prima di te abbiano depositato la stessa domanda almeno altri cento imprenditori. In questi casi vale sempre la regola della data di presentazione della domanda e il numero di protocollo: a parità di condizioni, prende i soldi chi ha inviato e protocollato la domanda prima degli altri e ha un numero di protocollo precedente al tuo.

Vediamo ora qual è l'iter di un bando pubblico di finanziamento alle imprese.

6.1. La pubblicazione e i termini di apertura e di chiusura del bando

Come qualsiasi attività di carattere pubblico, i bandi pubblici di finanziamento alle imprese seguono un iter predeterminato e vengono gestiti:

1) a livello nazionale, per esempio dal MiSE, da Invitalia o da altri Enti Pubblici (come l'Ismea);

2) a livello regionale, dalle singole regioni per tramite delle Società Finanziarie di Sviluppo Regionale cui ho fatto riferimento nei capitoli precedenti.

Il punto di partenza è la pubblicazione del bando sulla Gazzetta Ufficiale della Repubblica Italiana, nel caso di bandi di rilevanza nazionale. Oppure, se siamo in presenza di bandi pubblici regionali, la pubblicazione avviene sui vari BUR regionali (Bollettino Ufficiale della Regione). Nella pubblicazione vengono scritti **i termini di apertura e di chiusura** del bando, l'ammontare delle risorse finanziarie disponibili e tutte le regole che disciplinano il funzionamento del bando. Ci sono due diverse tipologie di bando.

Bando chiuso

In questo caso la pubblicazione indica la data di apertura e di chiusura del bando stesso. Per esempio: «Il bando tal dei tali aprirà alle ore 12:00 del giorno 15 luglio 2019 e chiuderà alle ore 17:00 del giorno 15 settembre 2019». Come vedi, in questo caso è espressamente indicato il periodo di tempo in cui è possibile presentare la domanda di finanziamento.

Attenzione! Ricorda quello che ti ho scritto all'inizio di questo capitolo a proposito dell'ultimo momento: *cerca di essere tra i primi* a depositare la domanda di finanziamento altrimenti potresti trovarti nella situazione in cui "le risorse a disposizione sono esaurite" e perdi l'opportunità di ottenere il finanziamento di cui avevi bisogno per far fare un salto di qualità alla tua azienda. Se presenti la domanda di finanziamento dopo il termine di chiusura, verrà considerata come "non ricevuta" e quindi non verrà nemmeno esaminata.

Attenzione! Per questa tipologia di bando il numero di protocollo e la data di presentazione della domanda vengono presi in considerazione solo nel caso in cui ci dovessero essere due progetti con un punteggio identico. Ricordi quello che ti ho scritto a proposito del "meccanismo dei punteggi"? Ecco, intendevo anche questo: in caso di due progetti con identico punteggio, vale la regola secondo cui prevale chi ha presentato la domanda di finanziamento per primo.

Bando a sportello

In questo caso, invece, viene comunicata solamente la data di apertura del bando e non quella di chiusura, poiché ci si trova di fronte a un bando cosiddetto **"a sportello"**. Un bando "a sportello" significa che all'interno del bando sono state stanziate delle risorse finanziarie (per esempio 30 milioni di euro) e il bando resta aperto fino a che tutte le risorse non sono state impegnate, mano a mano che arrivano le varie domande di finanziamento.

Ciò significa che, per esempio, un bando che apre il 10 settembre 2019 potrebbe rimanere aperto da un minimo di pochissimi giorni fino a un anno o anche di più. La durata di apertura di un bando "a sportello" dipende dal numero di domande che arrivano, e le domande che arrivano dipendono da quanto il bando è interessante, conveniente o "appetibile" per gli imprenditori.

È chiaro che se apre un bando con trenta milioni di euro e finanzia *«fino a 700.000 euro di cui il 50% a fondo perduto»*, siamo di fronte a un bando molto appetibile e che, quindi, sarà aggredito da molti imprenditori (e sono a conoscenza dello stesso bando). Nel momento in cui sto scrivendo questo libro, per esempio, Invitalia sta gestendo il bando "Resto al Sud". Puoi controllare le caratteristiche di questo bando cliccando su questo link: https://www.invitalia.it/cosa-facciamo/creiamo-nuove-aziende/resto-al-sud/cose). Finora, questo bando ha riscosso un discreto successo, come mostrano i dati ufficiali pubblicati sul sito di Invitalia alla data del 13 giugno 2019:

Come vedi, quasi la metà delle domande di finanziamento che sono state presentate fino al 13 giugno 2019 sono state anche approvate. Ciò significa che 3.035 nuove imprese hanno ottenuto il finanziamento che hanno chiesto e hanno iniziato la loro attività. E, a proposito dei famosi "santi in paradiso" che qualcuno invoca quando non riesce a ottenere quello che chiede (cioè i soldi), mi sembra abbastanza ardito sostenere che tutte le 3.035 imprese "beneficiarie" abbiano qualche santo che, dall'alto dei cieli, le ha aiutate!

Molto più probabilmente, queste 3.035 imprese hanno presentato idee di business valide, interessanti, cantierabili e fattibili, dal punto di vista sia economico sia finanziario. E, con altrettante probabilità, queste 3.035 imprese hanno presentato piani di business accurati, chiari, scritti bene, con dati di mercato veri e credibili e con informazioni esposte secondo uno schema logico preciso.

6.2. La domanda di finanziamento

Come hai sicuramente letto (e notato) finora ho sempre parlato di *domanda di finanziamento*. Ma che cos'è, esattamente? Te lo dico subito: qui siamo nella parte noiosa di un bando pubblico di finanziamento alle imprese e cioè nella parte amministrativo-burocratica. Sì, lo so che hai appena storto il naso!

Ma non è colpa mia: tutto quello che ti ho scritto finora ha a che fare con la tanto odiata burocrazia, con tutti gli ostacoli e le scocciature che conosciamo tutti. Però, purtroppo, si tratta di una strada obbligata per arrivare a un obiettivo molto ambizioso: capire come puoi usare un bando pubblico di finanziamento alle imprese per fare arrivare i soldi alla tua impresa. Quindi armati di santa pazienza e continua a leggere.

La **domanda di finanziamento** è il documento che devi compilare per chiedere i soldi di cui hai bisogno per realizzare la tua idea di business. È fondamentale capire una cosa essenziale: trattandosi di questioni amministrativo-burocratiche, questo documento non lo compili come ti pare, ma **devi seguire uno schema** ben preciso. E questo schema *ben preciso* varia al variare di ogni singolo bando. *Come sarebbe a dire?* Sarebbe a dire che c'è uno schema-base che è (più o meno) uguale per tutti i bandi, ma poi, ogni bando lo adatta alle sue esigenze.

Di conseguenza, ti devi adattare allo schema che presenta ogni bando. Per esempio: solitamente l'*anagrafica del proponente* (cioè tutti i dati e i riferimenti anagrafici di chi presenta la domanda di finanziamento) è la prima sezione da compilare che trovi in un avviso pubblico. Questo accade perché la prima cosa che vuole sapere la Pubblica Amministrazione è il tuo nome, cognome, indirizzo, residenza, telefono ecc.

Ora, potrebbe capitare che ci sia il bando "X" che, invece, ti chiede l'anagrafica come terzo elemento della domanda di finanziamento. In questo caso, è assolutamente inutile che tu stravolga l'ordine di presentazione delle informazioni e invochi la prassi dicendo: «Visto che di solito i bandi chiedono l'anagrafica come prima cosa, allora io la metto come prima cosa!» Io te lo dico: se fai così e ti metti contro la burocrazia, finisci male. Poi non venire a dirmi che non ti avevo avvertito.

Il bando "X" ha detto che l'anagrafica è la terza informazione da dare? E, allora, tu la scrivi come terza informazione. Punto. Il bando "Y" ha detto che vuole sapere prima da chi è composta la compagine sociale? E tu, per prima cosa, scrivi le informazioni sulla compagine sociale. Insomma, ci siamo capiti. Quello che voglio dirti è un'altra delle cose che nessuno ti dirà mai e cioè che *non devi mai stravolgere l'ordine di presentazione delle informazioni all'interno della domanda di finanziamento perché, se lo fai, la tua domanda viene respinta per "vizio di forma"*.

Sottolineo questa cosa poiché, in più di un'occasione, ho visto domande di finanziamento compilate secondo uno schema diverso da quello previsto dal bando. Queste domande, ovviamente, sono state respinte per "vizio di forma" perché non hanno rispettato lo schema del bando. A questo punto, potresti (giustamente) chiedermi: «*E che cosa ci si deve scrivere, di bello, dentro alla domanda di finanziamento?*» Praticamente, ci devi scrivere **tutto**.

Infatti, la domanda di finanziamento serve per chiedere i soldi, e l'Amministrazione che gestisce il bando vuole sapere vita, morte e miracoli su di te, sulla tua idea, su come ti vuoi organizzare e anche sui tuoi (eventuali) soci. Quindi, all'interno di questo documento, devi riportare tutte le informazioni necessarie per far capire chi sei, cosa vuoi fare, perché vuoi farlo e, soprattutto, come vuoi realizzarlo. In pratica, devi riportare tutto quello che hai scritto all'interno del business plan. Tutta la parte terza di questo libro è dedicata proprio al business plan, che non è un qualcosa di opzionale che puoi scegliere di fare o non fare, ma è il documento essenziale per spiegare in cosa consiste la tua idea di business e come vuoi realizzarla.

Mi viene in mente il caso di quell'imprenditore di Lecce che produceva succhi di frutta il quale presentò una domanda per un finanziamento di circa due milioni mezzo di euro. Doveva acquistare impianti di produzione più grandi poiché aveva aperto un canale di esportazione molto importante e, quindi, doveva incrementare la produzione del 40% circa in due anni. Il fatturato dell'azienda si aggirava sui 6 milioni di euro e, una volta entrati a regime i nuovi impianti, sarebbe schizzato verso quota 9 milioni. Il "consulente" che gli aveva seguito la pratica di finanziamento "dimenticò" di allegare il business plan alla domanda perché "si trattava solo di un allegato..." Eh no! Il business plan non è "solo un allegato" alla domanda di finanziamento, ma ne è il vero e proprio cuore pulsante e nella parte terza del libro ti dirò il perché.

Solitamente la domanda di finanziamento prende il nome di **formulario** e puoi trovarlo in formato Word oppure in formato Pdf all'interno della documentazione che viene pubblicata nel sito web dell'amministrazione che gestisce il bando pubblico.

Attenzione! Tantissimi formulari online prevedono degli spazi davvero ristretti per scrivere tutte le informazioni richieste. Parlo di "1500 caratteri" per descrivere la tua idea di business, oppure di "1000 caratteri" per descrivere le caratteristiche principali del mercato di riferimento o altri aspetti della tua idea. Per descrivere un'idea di business in così poco spazio, sono richieste idee molto chiare, ottime capacità di sintesi e, inoltre, di cavarsela abbastanza bene con l'italiano scritto.

Attenzione! Alla domanda di finanziamento devi allegare altra documentazione che ti viene richiesta dall'Amministrazione competente e che è prevista dall'Avviso Pubblico. A titolo di esempio (che, però, non esaurisce la fattispecie) la documentazione da allegare più frequentemente richiesta riguarda:

- piano d'impresa (cioè proprio il business plan);
- curriculum del proponente e della compagine sociale;
- dichiarazione sostitutiva di atto notorio;
- dichiarazione di assenza di precedenti penali;
- dichiarazione "antimafia" della società e dei soci;
- dichiarazione antiriciclaggio;
- regolarità amministrative in termini di DURC.

Questi sono i documenti da allegare più frequentemente richiesti. Tieni presente che ogni bando può chiederne di aggiuntivi e maggiormente esplicativi. Non c'è bisogno di impazzire per trovare i modelli di queste dichiarazioni da allegare, poiché sono pubblicati insieme al bando.

Ogni bando (detto anche "Avviso Pubblico"), infatti, oltre al "formulario" pubblica sempre l'elenco completo della documentazione aggiuntiva che occorre compilare e allegare alla domanda di finanziamento. Spesso, questa documentazione viene chiamata "Allegato A", oppure "Allegato B" o, ancora "Modulo 1" e via dicendo.

Attenzione! Anche in questo caso, non sei tu a decidere se allegare o meno tutta questa documentazione. Il bando prevede una sfilza infinita di documenti da allegare alla domanda di finanziamento? E allora tu li scarichi, li stampi, li compili, li timbri, li firmi, li scansioni compilati e li alleghi alla domanda di finanziamento (di solito, in formato Pdf). Tutti. Se ne dimentichi anche uno solo, la tua domanda di finanziamento viene respinta per "irregolarità formali".

Se sei fortunato, ti trovi di fronte a una Pubblica Amministrazione che ti chiede di "integrare la documentazione mancante" di cui ti ho parlato nelle pagine precedenti. Sì, lo so cosa stai pensando... Però ti avevo avvertito che in questo capitolo avremmo avuto un incontro ravvicinato con la burocrazia, ricordi? So che è una scocciatura di proporzioni bibliche, ma con la burocrazia è sempre meglio intrattenere buoni rapporti perché, altrimenti, ti punisce.

6.3. L'iter burocratico di analisi della domanda: dall'istruttoria alla graduatoria

Una volta che hai compilato il formulario in tutte le sue parti e hai apposto la tua **firma digitale** in ognuno dei documenti allegati che ti sono stati richiesti, sei pronto per inviare la tua domanda di finanziamento all'Amministrazione che gestisce il bando. Oramai, tutte queste procedure avvengono online, tanto è vero che si parla di **"invio telematico"**, proprio per indicare che l'invio avviene tramite un computer connesso a internet.

Non hai ancora la firma digitale? Bene. Anzi, male. Provvedi al più presto, perché oramai online si firma praticamente tutto con firma digitale e un imprenditore senza firma digitale e senza un indirizzo di Pec (Posta Elettronica Certificata), spesso non viene nemmeno considerato degno di attenzione.

Una volta che hai inviato la domanda di finanziamento con tutte le informazioni che ti hanno chiesto (allegati e documentazione varia), inizia l'iter di analisi della tua domanda. L'obiettivo di questo iter di analisi è molto semplice: capire se "sei meritevole" del finanziamento che hai chiesto oppure no. Trattandosi di soldi pubblici, la Pubblica Amministrazione vuole sapere se tu e la tua idea "meritate" di ottenere un finanziamento.

Una volta arrivate "a destinazione", le domande di finanziamento vengono valutate da una *Commissione di valutazione* che è composta da consulenti esperti nella valutazione economico-finanziaria delle idee imprenditoriali e negli aspetti amministrativo-burocratici dei vari bandi. L'iter di analisi inizia dopo che sono stati effettuati in via preventiva tutti i *controlli formali* della documentazione che hai inviato.

Se c'è anche un solo requisito formale fuori posto e che non rispetta la forma, la domanda di finanziamento viene cestinata. In questa fase occorre porre la massima attenzione alle previsioni e a tutti i "trabocchetti" sparpagliati qui e lì all'interno dell'Avviso Pubblico. La lingua parlata è il "burocratese", però nel bando c'è scritto tutto quello che ci deve essere scritto. Altrimenti i ricorsi al TAR si sprecano e la Pubblica Amministrazione ne esce con le ossa rotte.

Solamente dopo aver superato questa prima fase di valutazione formale, viene effettuata la *valutazione di merito*, ossia l'esame vero e proprio della tua idea di business. In questa fase la cosa che conta di più è la rispondenza del tuo progetto agli obiettivi e ai criteri dettati dal bando, nonché agli obiettivi previsti dall'Agenda europea.

Ancora una volta, infatti, entra in gioco quello che ti ho scritto nel capitolo 1 quando mi riferivo al fatto che, a parità di tutte le condizioni, vengono premiati i progetti che promuovono idee di business che rientrano nell'ambito degli obiettivi dell'Agenda europea, ricordi? È proprio in questa fase che entra in gioco il "meccanismo dei punteggi" di cui ti ho detto. Infatti, la Commissione di valutazione attribuisce un punteggio per ognuna delle aree rilevanti del progetto e, poi, fa la somma dei punti accumulati.

Come ti ho già detto, ogni bando stabilisce gli obiettivi che persegue e anche il valore minimo del punteggio che ogni progetto deve raggiungere per poter *entrare in graduatoria*. La "graduatoria" è l'elenco dei buoni e dei cattivi! I buoni sono tutti i progetti che hanno preso almeno il minimo del punteggio previsto dal bando per ottenere il finanziamento. I cattivi, invece, sono quelli che non hanno raggiunto nemmeno il limite minimo del punteggio previsto e, quindi, stanno fuori.

È giusto dirti una cosa: stare nella lista dei "buoni" non garantisce l'arrivo dei soldi al 100% poiché occorre fare i conti con le *risorse disponibili* di un bando, ricordi? Come ti avevo anticipato nelle pagine precedenti, le risorse dei bandi non sono infinite ma si riducono man mano che pervengono le domande di finanziamento "fino a esaurimento risorse", per l'appunto. Se sopra il tuo progetto ce ne sono altri cento con punteggi superiori al tuo, potrebbe darsi che tutti questi progetti assorbano le risorse a disposizione e, quindi, loro prenderanno i soldi e tu no, pur essendo nella lista dei "buoni".

A questo proposito, c'è un'altra cosa molto importante da sapere che riguarda le graduatorie: mi riferisco **"meccanismo dello scorrimento"**. In pratica, potrebbe capitare che alcuni di quelli che stanno prima di te nella graduatoria rinuncino al finanziamento per qualche motivo. Quindi, il tuo progetto "scorre" verso l'alto, guadagna qualche posizione e, grazie a questa possibilità, potrebbe rientrare tra quelli "buoni" che riceveranno il finanziamento.

Per ciò che riguarda la pubblicazione della graduatoria e le relative posizioni raggiunte dai vari progetti presentati, occorre specificare un aspetto amministrativo-burocratico importantissimo: in tal senso, infatti, devi tenere presente che la graduatoria è un atto pubblico e, come tale, viene pubblicata sulla Gazzetta Ufficiale della Repubblica Italiana (in caso di bando di rilevanza nazionale) oppure sul BUR (in caso di bando gestito a livello regionale). Oltre a questi due canali di comunicazione, le graduatorie vengono solitamente pubblicate anche sui siti istituzionali degli Enti che gestiscono il singolo bando e, inoltre, viene data comunicazione all'interessato "beneficiario" anche tramite l'invio di una Pec.

Se ti stai (giustamente) chiedendo quanto tempo passa tra la data di presentazione della domanda di finanziamento e il momento di pubblicazione della graduatoria, la risposta è: «Dipende». Infatti, per avere un'idea approssimativa dei *tempi tecnici* necessari alla pubblicazione della graduatoria, è necessario considerare:

a)   i termini di apertura e chiusura del bando;

b)   il tempo per svolgere l'istruttoria indicato nel bando.

Entrambe le tempistiche sono, ovviamente, specificate all'interno del bando stesso. Dei termini di apertura e di chiusura ho già parlato nelle pagine precedenti. Per quanto riguarda, invece, i tempi di svolgimento dell'istruttoria, possono variare dai *«45 giorni successivi alla chiusura del presente avviso pubblico»* ai *«90 giorni»* (sempre successivi alla chiusura del bando) e anche di più. Ciò significa che, dopo la chiusura del bando, l'Amministrazione competente si prende 45 giorni (o anche 90) per terminare l'iter di approvazione. Oppure se ne prende di meno, se previsto dal bando.

A questi termini, poi, è sempre corretto aggiungere qualcosa per via degli "allungamenti" che potrebbe subire l'intero iter di valutazione per qualsiasi motivo. Per fare un esempio concreto, immagina che il bando "Y" abbia aperto il 15 luglio 2019 e che rimanga aperto fino al 15 settembre 2019. Supponi, inoltre, che il bando preveda sessanta giorni per la procedura di valutazione e supponi che tu abbia ascoltato il suggerimento che ti ho dato nelle pagine precedenti e cioè che tu abbia depositato la domanda di finanziamento il 16 luglio 2019, il giorno dopo l'apertura del bando.

Anche se sei stato tra i primi a depositare la domanda di

finanziamento (e, pertanto, hai sicuramente uno dei primissimi numeri di protocollo, il che è sempre un bene) devi comunque aspettare la chiusura del bando (cioè il 15 settembre 2019) e i sessanta giorni successivi la chiusura, affinché termini l'iter di valutazione. Quindi, facendo due rapidi conti, prima del 15 novembre non se ne parla! Se poi ci metti agosto di mezzo e qualche altro ragionevole motivo che costringe a un "allungamento dei tempi", diciamo che, se tutto va bene, hai depositato la domanda il 16 luglio e potresti ricevere la risposta come regalo di Natale!

Sì, hai letto bene! Scrivo quello che ho scritto perché si tratta del mio lavoro e in tantissime occasioni sono stato io il primo a dissuadere alcuni clienti dal perseguire la via del finanziamento pubblico proprio a causa di questi "tempi tecnici" che, in alcuni casi, sono davvero un po' troppo lunghi. Immagina, infatti, uno sviluppatore di App che fa la lotta contro il tempo per "piazzare" la sua applicazione sul mercato prima che lo faccia qualche suo competitor. Cinque mesi di tempo per tutto l'iter, in questi casi, determinano la vita o la morte dell'imprenditore il quale, se gli importi richiesti per lo sviluppo dell'App non sono eccessivi, fa prima a chiedere un prestito alla sua banca o a una società finanziaria. Al limite, fa prima a vendersi l'automobile e finanziare la sua idea con il ricavato che non aspettare l'iter di un bando pubblico.

Questo è quello che avviene, nella prassi, con i "bandi chiusi". Poi, oltre ai casi di bandi che prevedono i termini di chiusura e di apertura, ci sono i bandi "a sportello" (che vanno avanti fino a esaurimento delle risorse) e altre tipologie di bando come i "fondi rotativi". In questo caso, visto che non è certa la data di chiusura del bando, viene preso come riferimento il giorno di invio telematico della domanda di finanziamento. Infatti, come mostra l'immagine sotto riportata, «*Le richieste di finanziamento sono deliberate dal Soggetto gestore [...] entro 45 giorni dalla data di presentazione della domanda*».

Art. 14 – Comunicazione degli esiti istruttori

Le richieste di finanziamento sono deliberate dal Soggetto gestore a valere sul Fondo Rotativo per il Piccolo Credito entro 45 giorni dalla data di presentazione della domanda, salvo eventuali sospensioni per richieste di integrazione e ritardi nella ricezione del DURC, secondo l'ordine cronologico di ricezione.

La comunicazione di concessione o di non ammissibilità sarà inviata tramite il portale http://www.farelazio.it. dal Soggetto gestore. Il Soggetto gestore trimestralmente provvederà alla presa

I tempi necessari per completare l'iter di valutazione di una domanda di finanziamento variano da bando a bando e da Amministrazione ad Amministrazione.

6.4. La firma del contratto e l'erogazione del finanziamento

Come ti ho anticipato, l'iter di valutazione di cui ti sto parlando serve per valutare se la tua idea di business merita di essere finanziata oppure no. Supponi che la tua idea esca "vincente" dall'iter di valutazione e che, di conseguenza, tu sia dichiarato **"idoneo e beneficiario"**. La graduatoria indica anche l'ammontare del finanziamento complessivo che ti è stato riconosciuto e le tipologie di spesa che sono state ammesse.

Devi sapere, infatti, che, se presenti un piano di investimenti e relativa richiesta di finanziamento pari, ad esempio, a 1.350.000 euro, non necessariamente l'Amministrazione te li "riconosce" tutti. Alcuni di questi investimenti potrebbero non essere considerati "congrui" con il piano di business che hai presentato, oppure potrebbero non essere considerati *"investimenti strumentali"* all'attività che hai detto di svolgere (o di voler svolgere).

Se, per esempio, svolgi attività di trasformazione della frutta per vendere i succhi pronti sul mercato e, nel piano degli investimenti, dici che ti servono 100.000 euro per acquistare un'auto di rappresentanza (una bella Maserati, una Mercedes, una BMW o quello che ti pare), stai pur tranquillo che quei 100.000 euro non ti saranno finanziati.

Quando il tuo progetto è entrato in graduatoria e sei stato dichiarato "idoneo beneficiario" e ci sono i soldi, l'Ente che gestisce il bando ti convoca (solitamente, tramite Pec) per la firma del **Contratto di finanziamento**. L'erogazione dell'importo finanziato, però, non avviene al momento della firma del contratto ma in un momento successivo e in modalità che variano da bando a bando. In tal senso, infatti, il finanziamento può essere erogato in varie modalità quali, ad esempio:

a) accredito dell'importo complessivo su C/C bancario;
b) mediante presentazione di fatture quietanzate in base allo Stato Avanzamento Lavori (SAL);
c) tramite acconto, previa presentazione di fidejussione bancaria o assicurativa.

6.5. La rendicontazione

Prima di tutto: che cos'è la rendicontazione? La rendicontazione è il sistema con il quale la Pubblica Amministrazione che gestisce i bandi nazionali, regionali ed europei dice all'imprenditore "idoneo e beneficiario": «Caro amico imprenditore, tu mi hai presentato un progetto perché hai avuto un'idea di business. Io l'ho analizzato, mi è piaciuto e te l'ho anche finanziato. Nel progetto mi avevi scritto che avevi bisogno di una certa somma di denaro per effettuare gli investimenti necessari per lo sviluppo della tua idea e, adesso, mi devi dimostrare come hai speso tutti i soldi che ti ho dato». Tutto qui. Bisogna dimostrare come sono stati spesi i soldi che sono stati finanziati.

Molto spesso, i bandi lasciano un tempo abbastanza congruo per effettuare gli investimenti e per presentare la relativa rendicontazione. In alcuni casi, anche due anni di tempo dall'avvenuta erogazione del finanziamento. Successivamente, occorre dire che gli schemi di presentazione del rendiconto variano da bando a bando anche se non cambia lo schema di base, cioè la sostanza. Si tratta, spesso, di compilare un file in formato Excel diviso per colonne che si chiama, in molti casi, *"Prospetto delle spese"* o una dicitura simile. In questo prospetto vengono riepilogate le voci di investimento in macro-categorie e, in ogni macro-categoria, vengono indicati gli investimenti realizzati e gli importi relativi che sono stati pagati.

Attenzione! Ricordi quando mi sono soffermato sui famosi "preventivi dei fornitori" che devi allegare alla domanda di finanziamento? Adesso ti si chiariranno un altro po' di cose e capirai l'importanza dei preventivi. Infatti, l'intero progetto di finanziamento "gira" su questo schema semplicissimo:

Il **"preventivo di spesa"** indica alla Pubblica Amministrazione *cosa farai con i soldi.* Nel caso di un bando pubblico di finanziamento, si tratta proprio dei famosi preventivi dei fornitori che bisogna allegare alla domanda di finanziamento per dimostrare quanto costano gli investimenti che dobbiamo realizzare.

Attenzione! Ricorda che l'ammontare del finanziamento richiesto è direttamente legato all'ammontare dei preventivi di fornitura che hai presentato. Per quanto riguarda la "**Fattura quietanzata**" si tratta della fattura timbrata e firmata dal fornitore il quale attesta che l'importo indicato in fattura è stato effettivamente pagato. Infine, il "**Bonifico bancario**" è la prova dell'avvenuto pagamento della fattura (quietanzata) al fornitore. Praticamente, nulla sfugge al controllo.

Attenzione! La Pubblica Amministrazione esige come prova dell'avvenuto pagamento il bonifico bancario perché è meno soggetto a ipotesi di truffa (tramite assegni). In passato, infatti, i pagamenti potevano essere effettuati anche tramite assegno, ma si sono verificati tantissimi casi di imbrogli e, pertanto, la Pubblica Amministrazione ha eliminato la possibilità di effettuare pagamenti tramite assegno.

Il bonifico, infatti, è tracciato e, quindi, vengono riconosciuti solo quegli investimenti che sono stati pagati tramite questo mezzo di pagamento. A questo proposito mi viene in mente, ancora una volta, il caso di un cliente che ottenne circa 200.000 euro di finanziamento a fondo perduto e al quale avevo raccomandato di effettuare i pagamenti tramite bonifico bancario. Lui dimenticò questo "piccolo" particolare ed effettuò la metà dei pagamenti tramite assegno bancario. Per sua fortuna (e anche onestà) riuscì a dimostrare che i pagamenti avvenuti tramite assegno erano stati effettuati per pagare i fornitori e la Pubblica Amministrazione accettò le prove dei pagamenti medesimi.

Ancora una volta, ci trovammo di fronte a una Pubblica Amministrazione indulgente che aveva come obiettivo quello di far arrivare i soldi a questo imprenditore, indipendentemente da alcuni "errori formali" che erano stati commessi. Ma quello fu un caso più unico che raro. Questo episodio, infatti, accadde nel 2012 e la normativa sulle modalità di pagamento non era ancora così stringente come lo è ora.

Una cosa molto importante da sapere è che la Pubblica Amministrazione competente può effettuare delle ispezioni che hanno lo scopo di verificare di persona che tutto quello che è stato realizzato è "conforme" a quanto specificato nella domanda di finanziamento. Se nel business plan hai scritto che, per esempio, devi comprare «l'impianto XYZ della marca Bianchi che serve per la lavorazione del pane speciale», e il fornitore ti ha fatto un preventivo di 116.000 euro, per stare in regola, in caso di ispezione, devi avere la fattura quietanzata dal fornitore per 116.000 euro e anche la traccia di un bonifico bancario da 116.000 euro. Lo schema è facilissimo ed è il seguente:

Qualora l'Amministrazione competente dovesse rilevare delle irregolarità sia in termini di investimenti non realizzati sia in caso di "non conformità", può arrivare alla **revoca dei finanziamenti** e procedere al recupero di quanto già eventualmente versato.

Se, invece, hai realizzato gli investimenti descritti all'interno della domanda di finanziamento, le fatture sono state quietanzate regolarmente e i pagamenti degli importi sono avvenuti tramite bonifico bancario per gli importi indicati nel progetto, allora gli ispettori della Pubblica Amministrazione scrivono **"conforme"** vicino alle varie voci di spesa e tutto fila liscio.

IL CAPITOLO 6 IN PILLOLE:

1) Ci sono due variabili fondamentali che entrano in gioco in un bando pubblico di finanziamento alle imprese: la **data di presentazione** della domanda di finanziamento e il **numero di protocollo**. Per questo motivo, il mio suggerimento è quello di non depositare mai all'ultimo secondo la domanda di finanziamento poiché le risorse, spesso, sono limitate e i soldi finiscono subito;

2) La maggior parte dei bandi presenta una data di apertura e una di chiusura: durante questo intervallo di tempo è possibile depositare la domanda di finanziamento con il business plan allegato;

3) Ci sono due tipologie di bando. Il **"bando chiuso"**, è quello che presenta una data di apertura e una data di chiusura. Presentare la domanda di finanziamento prima dell'apertura o dopo la chiusura del bando è inutile. Poi c'è il **"bando aperto"** anche detto **"a sportello"**; in questo caso c'è solo una data di apertura mentre quella di chiusura dipende dall'ammontare di risorse che sono state inserite nel bando e dal numero di domande di finanziamento che sono pervenute;

4) La **domanda di finanziamento** (anche chiamata "formulario")

è il documento da compilare per partecipare a un bando pubblico di finanziamento per le imprese. Questo documento va compilato tenendo presente lo schema secondo il quale viene presentato all'interno del bando e non secondo uno schema deciso da te. Alla domanda di finanziamento viene allegato il business plan dell'idea imprenditoriale per far capire al lettore in cosa consiste l'idea di business proposta;

5) L'**iter burocratico** di approvazione di una domanda di finanziamento inizia con l'analisi della domanda e termina con l'erogazione del finanziamento. Nel mezzo, una Commissione di valutazione analizza la domanda per valutare la fattibilità economico-finanziaria dell'idea che viene presentata e per effettuare il controllo formale del rispetto di tutti i requisiti di accesso e di tutte le formalità previste dal bando;

6) La **graduatoria** è una specie di elenco dei "buoni" e dei "cattivi": al suo interno vengono riportati i punteggi che hanno ottenuto i vari progetti che sono stati presentati per la richiesta del finanziamento. I "buoni" sono i progetti che hanno ottenuto un punteggio superiore al minimo previsto, mentre i "cattivi" sono quelli che non sono riusciti a raggiungere nemmeno il punteggio minimo;

7) Il tempo che intercorre tra la presentazione di una domanda di finanziamento e l'uscita della graduatoria con i risultati dipende da una serie di fattori: innanzi tutto è necessario attendere i tempi "tecnici" di chiusura del bando. Successivamente, occorre attendere le tempistiche indicate all'interno dell'Avviso Pubblico. Questi tempi di istruttoria variano da bando a bando;

8) L'iter di approvazione di una domanda di finanziamento termina con la firma del contratto e con l'erogazione del finanziamento: questa fase, di solito, è successiva all'uscita della graduatoria in cui il soggetto o l'impresa richiedente vengono dichiarati **idonei beneficiari**. Ciò significa che il progetto è fatto bene, che l'idea di business è piaciuta e che, di conseguenza, la Pubblica Amministrazione eroga i soldi.

PARTE SECONDA:
I finanziamenti bancari per le imprese

Contrariamente a quanto tu possa immaginare e pensare, in questa seconda parte del libro non ti parlerò degli strumenti finanziari che il sistema finanziario mette a disposizione degli imprenditori per portare la linfa vitale alle loro imprese. Non ti parlerò, quindi, di mutui ipotecari o chirografari, scoperti di conto corrente, anticipo fatture, leasing, factoring, obbligazioni e altro ancora. Sul mercato ci sono già tanti autori che trattano questi argomenti con professionalità e dovizia di particolari e non ne serve un altro.

Quello che voglio fare in questa terza parte del libro è legato alla conoscenza di alcuni aspetti del rapporto banca-impresa che tantissimi imprenditori (e, ancor più, aspiranti imprenditori e startupper) non conoscono. Si tratta di aspetti fondamentali che concorrono a delineare una sorta di "profilo" del cliente bancario e che, considerati tutti insieme e in un'ottica più ampia, determinano la concessione o la mancata concessione di un finanziamento a un'impresa. Tantissime volte, infatti, ho avuto a che fare con imprenditori che non sapevano dell'esistenza di questi aspetti che sono considerati fondamentali da una banca e dal sistema finanziario nel suo complesso.

Si tratta di aspetti essenziali che fanno la differenza tra l'ottenere un finanziamento e il non ottenerlo. Nelle prossime pagine ti dirò cosa devi fare e cosa devi controllare prima ancora di andare in banca a chiedere un prestito per la tua impresa. Perché se alcuni dei parametri di cui sto per parlarti non sono a posto, le probabilità di ottenere quello che ti serve si riducono drasticamente. Al contrario, se tu, i tuoi soci e la tua impresa avete questi parametri in ordine, le probabilità di ottenere un finanziamento aumentano vertiginosamente.

Attenzione! Non ho scritto che, se hai tutti questi parametri in ordine, *otterrai sicuramente il finanziamento per la tua impresa.* Ho scritto che, se tutti questi aspetti del tuo rapporto con la banca sono a posto, *le probabilità di ottenere un finanziamento aumentano vertiginosamente*, perché, di fatto, è così.

Io stesso sono riuscito a ottenere ben cinque finanziamenti dalla mia banca proprio perché ho tutti questi parametri in ordine e i miei rapporti con il sistema creditizio sono davvero ottimi.

Capitolo 7:
I finanziamenti bancari per le imprese

Come nel caso dell'Unione Europea e della Pubblica Amministrazione, anche mentre leggerai le pagine di questo capitolo potresti avere l'impressione che io stia facendo una specie di "spot" promozionale nei confronti delle banche e del sistema finanziario in generale. Anche in questo caso, da una parte avrai ragione: alla mia banca, infatti, ho chiesto i soldi cinque volte e me li ha dati tutte e cinque le volte. Pertanto, farle un po' di pubblicità mi sembra quantomeno appropriato.

Dall'altra parte, però, sappi che non sto facendo alcuno "spot" al sistema bancario o alla mia banca, perché conosco fin troppo bene alcune dinamiche del sistema bancario e conosco anche tantissimi imprenditori che, a causa di quel sistema, hanno fatto una brutta fine.

In questo secondo caso, però, ci tengo a precisare una cosa

fondamentale: a fronte di tanti imprenditori che sono vere "vittime" del sistema bancario per le motivazioni che conosciamo in tanti, ve ne sono altrettanti che, invece, si sono messi in mezzo ai guai con le loro stesse mani e, poi, hanno accusato il sistema bancario di essere "brutto e cattivo".

Molti di questi imprenditori sono gli stessi che urlano ai quattro venti frasi come «Le banche danno i soldi sempre ai soliti noti!» oppure «Le banche tengono chiusi i rubinetti del credito!» senza sapere che, in molti casi, la causa dei "rubinetti chiusi" e dei "soldi che vengono dati sempre ai soliti noti" è determinata da loro stessi.

Questi imprenditori sono gli stessi che, spesso, mettono in giro qualche "leggenda metropolitana" per screditare e andare contro un sistema che avrà pure i suoi difetti ma che, però, per fare il suo lavoro, chiede in cambio qualche cosa. Non mi sto riferendo alle solite "garanzie reali" da dare a fronte di un prestito bancario: quelle, in tantissimi casi, ancora sussistono (purtroppo) e non ci si può fare niente.

Mi sto riferendo a progetti, a idee chiare, innovative, redditizie, che rispondano ai bisogni del mercato, che siano presentate seguendo un determinato schema, che siano coerenti e, soprattutto, che siano **fattibili** dal punto di vista economico e finanziario. Sempre più spesso, infatti, ed entro certi limiti, anche il sistema bancario *premia la progettualità di un'idea di business* com'è stata pensata, organizzata ed esposta nel business plan.

Inoltre, mi sto riferendo ad alcuni requisiti che il sistema bancario chiede al cliente nel momento in cui questo cliente varca la porta di ingresso di un istituto di credito per chiedere un prestito e che possono essere sintetizzati con *"essere pulito"* e, di conseguenza, *affidabile. "Essere pulito"*, ovviamente, ha a che fare con il rispetto e l'osservanza di alcune regole e condizioni che disciplinano, da sempre, il rapporto banca-impresa.

Questa "pulizia" ha a che fare con il lavoro che svolge una banca il quale, nella sua forma primitiva e anche più semplice, è quello di "comprare" i soldi da una parte (a un tasso di interesse) e rivenderli dall'altra (a un tasso di interesse più alto). In pratica, e in modo abbastanza grossolano ma semplice da capire, possiamo dire che la banca è una specie di negozio che vende un prodotto che si chiama "soldi". Anche nel caso dei finanziamenti bancari, occorre conoscere qualche *regola del gioco* per aumentare le probabilità di ottenere un finanziamento.

Infatti, quando deve decidere a chi "vendere" i soldi, la banca è uno di quei negozi che chiede il rispetto di alcune regole e che vuole avere solo clienti di un certo tipo. Non voglio dire che sia giusto o sbagliato, perché non voglio (e non posso) entrare nel merito delle scelte che fa il sistema bancario quando deve decidere se dare o non dare credito a un imprenditore. Dico solo che, come nel caso dei "requisiti di accesso" previsti dal meccanismo dei finanziamenti pubblici alle imprese, anche il sistema bancario prevede la presenza di alcuni requisiti senza i quali è inutile rivolgersi a una banca per ottenere un finanziamento.

Come nel caso dei finanziamenti pubblici per le imprese, quello che leggerai nelle prossime pagine non devi tradurlo con un *"otterrai al 100% il finanziamento di cui hai bisogno dalla tua banca"*, perché questa garanzia non posso darla a nessun imprenditore e, tantomeno, nessun consulente te la potrà dare. Però, posso dirti con assoluta certezza che, se ti presenti in banca a chiedere un finanziamento e hai questi requisiti in regola, le probabilità di ottenere il finanziamento crescono tantissimo perché viene rispettato lo stesso principio che vale per i finanziamenti pubblici.

Infatti, e senza tirare in ballo i clienti ai quali ho fatto prendere dei finanziamenti bancari, io stesso ho chiesto i soldi alla mia banca cinque volte e la mia banca me li ha dati tutte e cinque le volte. Senza garanzie. Sicuramente non si tratta di finanziamenti di milioni di euro, per ottenere i quali occorrerebbe fare qualche discorso e qualche riflessione in più. Ma, altrettanto sicuramente, posso garantirti che, ogni volta che ho chiesto i soldi alla mia banca, li ho ottenuti e che il motivo principale per il quale la banca mi ha sempre dato il suo sostegno finanziario è perché conosco le regole del gioco del sistema bancario.

Messa in questi termini, forse alcune delle cose che leggerai nelle prossime pagine potrebbero risultarti scontate, banali, note e stra-note e addirittura noiose se già le conosci e sai di cosa parlo. Se, mentre le leggi, inizi a pensare «Ok, ma questo lo sanno tutti!» oppure «Va bene, dai, questi sono gli errori che commettono quelli alle prime armi» o cose del genere, ti anticipo subito che alcune delle regole del gioco di cui sto per parlarti sono pressoché sconosciute non solo agli aspiranti imprenditori o ai novelli imprenditori, ma anche a tantissimi imprenditori "navigati".

Non aver rispettato una di queste "regole" mi è costato ben 25.000 euro di parcelle non riscosse da parte di una cliente che è un'imprenditrice "esperta" e tra poco ti racconterò il perché.

7.1. Il merito creditizio

Il punto di partenza per capire come ragiona una banca quando deve decidere se concedere un finanziamento oppure no a un cliente si chiama **merito creditizio**, il quale non è altro che il giudizio relativo all'*affidabilità economico-finanziaria di un soggetto o di un'impresa*.

Prima di analizzare quali sono gli elementi che determinano il merito creditizio, è necessario fare un piccolo riferimento al Dlgs. n. 141 del 13 agosto 2010, che ha disciplinato la riforma del credito e dell'intermediazione creditizia. Questo provvedimento impone agli istituti di credito di effettuare una ricognizione che riguarda il merito creditizio di ogni singolo cittadino e di ogni impresa che decidono di rivolgersi a una banca per chiedere un finanziamento, un prestito oppure un mutuo a medio-lungo termine.

La *ratio* di questa legge è abbastanza semplice da capire: si vuole evitare che soggetti considerati a rischio, e che presentano un merito creditizio inferiore alla media, possano accedere alle varie forme di finanziamento esistenti limitando il più possibile il fenomeno dei cosiddetti "crediti deteriorati", i quali mettono a rischio il sistema finanziario. Questo è uno dei motivi per i quali, spesso, il sistema bancario respinge le domande di finanziamento che vengono presentate da alcuni imprenditori e da aspiranti tali.

I *crediti deteriorati* (o "inesigibili"), infatti, sono quei soldi che le banche hanno prestato ai clienti (sotto forma di mutui, finanziamenti e prestiti) e che questi clienti non hanno restituito oppure hanno difficoltà a restituire. È chiaro che, più è alto l'ammontare dei crediti deteriorati che una banca porta "in pancia", più diventa rischioso lo svolgimento della sua attività, perché la banca deve incassare dei soldi che, probabilmente, non incasserà mai.

Immagina di moltiplicare questo semplice ragionamento per tutte le banche che hanno accumulato "crediti deteriorati" e il quadro appare abbastanza chiaro: se l'ammontare di questi crediti oltrepassa una certa soglia a livello sistemico, si mette a rischio proprio la tenuta del sistema finanziario.

Non voglio difendere il sistema bancario, per carità. Però capisco la sua posizione nei confronti di chi potrebbe metterlo in difficoltà e, quindi, capisco le sue motivazioni. Ovviamente, in questa sede non entro nel merito di considerazioni di carattere politico e/o riguardanti la differenza di trattamento cui sono soggetti i "piccoli" e i "grandi" imprenditori: conosco anche questo aspetto della realtà ma, in questo libro, non è quello di cui voglio parlare.

Prima di iniziare con l'elenco degli elementi che influenzano e determinano il merito creditizio, voglio dirti una cosa molto importate: *puoi avere l'idea imprenditoriale più bella e redditizia del mondo; puoi avere tutti i soldi che vuoi e puoi scrivere il business plan di questa idea nel miglior modo possibile ma, se il tuo merito creditizio è basso e il sistema finanziario ti considera un cliente poco affidabile, le probabilità di ottenere il finanziamento diminuiscono in modo drastico.* Questo accade perché il merito creditizio è un po' come i "requisiti di accesso" a un bando pubblico di finanziamento.

7.2. Il rating bancario

In modo molto semplificato, il rating bancario è il voto che il sistema finanziario attribuisce a una persona fisica, oppure a un'azienda, in base ai rapporti che questa persona, o questa azienda, intrattiene con il sistema stesso. Se questi rapporti sono stati buoni, utili, convenienti, vantaggiosi, fruttuosi e rispettosi, allora il sistema finanziario ci dà un bel voto.

Se, al contrario, questi rapporti non sono andati molto bene, non sono stati rispettosi, sono stati un po' "litigiosi" e hanno lasciato sul campo qualche "cicatrice", allora il sistema finanziario può abbassare il voto fino allo zero, cioè fino al punto in cui dice espressamente: «Guarda, io con te non voglio avere niente a che fare. Non mi chiedere niente perché, tanto, non te lo do!».

In pratica, e molto semplicemente, il sistema finanziario vuole capire quanto è **affidabile** un soggetto (o un'azienda). Se cerchi online, oppure sul vocabolario, le varie definizioni sono più o meno concordi nel definire "affidabile" qualcuno che "ha dato prova di meritare fiducia". Ed è proprio la **fiducia** il punto intorno al quale gira, praticamente, tutto.

Quando il sistema finanziario analizza la tua affidabilità economico-finanziaria, prende in considerazione tutti i rapporti che avete avuto nel tempo e, in base a una serie di parametri che ti dirò tra poco, valuta proprio se meriti questa fiducia oppure no. Ecco perché il merito creditizio è *«un giudizio sull'affidabilità economico-finanziaria di un soggetto o di un'impresa»*, cioè il giudizio sulla capacità che ha il soggetto, o l'impresa, di ripagare i prestiti che gli sono stati concessi.

Quando questa fiducia viene in qualche modo tradita, il sistema finanziario reagisce abbassando il rating e mettendo una specie di bandierina rossa vicino al nome di chi lo ha tradito, per "segnalare" che si tratta di un soggetto (o di un'impresa) poco affidabile, di cui è meglio non fidarsi troppo.

Proprio per questi motivi, la prima e più importante variabile che influenza il rating è, quindi, la **capacità di ripagare il debito** da parte del soggetto o dell'impresa. Immagina di avere acquistato, un anno fa, l'ultimo modello di smartphone, il cui costo era di 1.400 euro, e di averlo pagato accendendo il classico finanziamento con la società finanziaria, pagando rate da 80 euro al mese.

Immagina di aver pagato le prime sette rate con assoluta regolarità e, poi, ad agosto, sei partito per le vacanze e hai dimenticato di pagare l'ottava rata. Il mancato pagamento di questa rata viene immediatamente segnalato al sistema finanziario il quale, per questo motivo, si sente "tradito". Da questo momento in poi, starà con gli occhi bene aperti e ti considererà un *cattivo pagatore*, cioè uno di cui non ci si può fidare perché *non paga*.

Sì, lo so che non c'era malafede e che hai davvero dimenticato di pagare la rata perché eri in vacanza! Io ci credo. E ti dirò di più: probabilmente ci crede anche il sistema finanziario. Il fatto è che, purtroppo, non gliene frega niente del "perché" non hai pagato la rata. Lui, nei suoi file, ha registrato un solo dato: non hai pagato la rata. E tanto gli basta per "segnalarti" e per considerarti un cattivo pagatore. Ciò significa che sul tuo nome c'è la famosa bandierina rossa che si accende ogni qualvolta un operatore accede al sistema finanziario per chiedere qualsiasi cosa su di te. Questa bandierina rossa segnala che sei un cliente di cui è meglio non fidarsi.

Allo stesso modo, immagina un'impresa che è andata in banca a chiedere un finanziamento di 1.500.000 di euro perché deve ammodernare i suoi impianti per migliorare la produzione e, per un motivo qualsiasi, non ha pagato una rata del prestito. Anche in questo caso, il sistema finanziario potrebbe ascoltare e capire le motivazioni del mancato pagamento ma, sostanzialmente, non gliene frega niente: l'impresa non ha pagato il suo debito, viene considerata "cattivo pagatore" e, quindi, viene iscritta nella lista dei "cattivi", cioè di quelli che non pagano e di cui è meglio non fidarsi.

Senza esprimere giudizi di valore (è giusto/non è giusto, sono cattivi/sono buoni) bisogna accettare una cosa: è così. Ogni volta che ci sono idee imprenditoriali che "funzionano", ma che non possono essere realizzate perché l'imprenditore è segnalato dal sistema finanziario, mi piange il cuore. Questo è il caso di un imprenditore specializzato nella produzione di dolci e sfizi vari culinari il quale, fino a qualche anno fa, gestiva alcuni locali notturni. Aveva varie certificazioni come chef, cuoco, pasticcere e aveva lavorato anche presso prestigiosi alberghi ma, circa un anno fa, ha avuto un piccolo "incidente" con il sistema finanziario e, pertanto, vicino al suo nome c'è la bandierina rossa.

È venuto a parlare con me poiché ha avuto un'idea imprenditoriale davvero brillante da realizzare nell'ambito del suo settore di specializzazione e voleva ripartire approfittando di un bando pubblico che sosteneva la creazione di nuove imprese grazie a un finanziamento a fondo perduto. L'opportunità era davvero ghiotta, ma questo bando prevedeva una specie di "interlocuzione" tra la regione che gestiva il bando e il sistema bancario.

In pratica, come accade in molti casi, è come se l'Ente pubblico che gestisce il bando chiedesse alla banca: «Scusa, banca, c'è il signor Tal dei Tali che ha chiesto di partecipare al bando perché vuole avviare un'iniziativa. Puoi darmi qualche informazione per sapere se ci sono problemi con il sistema finanziario, per piacere?»

A quel punto, l'addetto alla concessione dei finanziamenti della banca ha inserito il nome di questo imprenditore nel data-base, ha pigiato un tasto sulla tastiera del suo computer ed è comparsa la famosa bandierina rossa. Niente da fare: questo imprenditore era segnalato e, di conseguenza, non abbiamo nemmeno avviato la richiesta di finanziamento, poiché sarebbe stato inutile.

La seconda variabile che influenza il rating bancario è l'**ammontare dell'indebitamento**, cioè la quantità di debiti che un soggetto o un'impresa deve pagare. Per ovvi motivi, consideriamo solo l'ipotesi dell'impresa e partiamo da una considerazione fondamentale secondo cui l'azienda "è strutturalmente indebitata". Chi possiede alcune minimali nozioni di bilancio di esercizio e di finanza aziendale, sa che lo stato patrimoniale di un'impresa è diviso in due parti fondamentali e che una di queste due parti mette in evidenza proprio l'ammontare dei debiti (di breve, medio e lungo termine) che l'azienda ha nei confronti del mercato (non solo quello finanziario).

Lo stesso Codice Civile, all'art. 2424, fa l'elenco dei debiti presenti nello stato patrimoniale. Quindi, dato per certo che i debiti fanno parte della struttura aziendale, la domanda che occorre porsi è: *«Qual è il massimo livello che può raggiungere l'indebitamento di un'impresa?*» La risposta a questa domanda viene fornita dall'analisi finanziaria del bilancio la quale si basa su una serie di indicatori e di margini che mettono in evidenza proprio quel livello di **solvibilità** dell'impresa su cui si basa il merito creditizio.

Ebbene sì, c'è un limite massimo all'indebitamento oltre il quale scatta "l'allarme rosso" e l'azienda entra in crisi finanziaria rischiando il fallimento. Va da sé che, se un'azienda è fortemente indebitata e mette a rischio la sua capacità di ripagare i debiti, viene meno proprio quell'affidabilità su cui si basa il merito creditizio. E, ovviamente, l'eccesivo indebitamento dell'impresa abbassa il famoso voto all'interrogazione, ossia il rating.

Un altro fattore che influenza il rating è rappresentato dal *modo in cui l'impresa ha gestito e gestisce il rapporto con la banca.* C'è una via di mezzo tra "bisogna lavorare solo con i soldi delle banche" e "voglio lavorare solo con i soldi miei". Tieni sempre presente che le banche stanno lì per vendere soldi e li vogliono vendere a chi è in grado di restituirglieli con tanto di interessi senza creare problemi, noie e seccature. Semplice. Questo è uno dei motivi per cui, ogni volta che le ho chiesto i soldi, la mia banca me li ha dati: ho sempre pagato con regolarità, puntualità e senza creare problemi né scocciature.

A proposito di "io lavoro solo con i miei soldi", qualche tempo fa è venuta una mia cliente che deve ampliare gli spazi della cucina della sua caffetteria per avviare un piano di sviluppo abbastanza interessante, e mi ha chiesto di scrivere il business plan perché aveva bisogno di un piccolo finanziamento da circa cinquantamila euro. Le ho chiesto se avesse qualche debito con la sua banca e lei, molto fiera, mi ha risposto: «No! Facciamo tutto con i soldi nostri!»

«Male», le ho risposto, «un imprenditore deve dialogare con la sua banca e deve avere rapporti costanti con essa. Non si deve mettere in mezzo ai guai, per carità, ma le banche stanno lì per quello: vendono soldi. Tu inizia a chiedere il primo finanziamento e pagalo con regolarità, poi il resto verrà da sé». Le ho chiesto quale fosse il rating che la sua banca aveva assegnato alla sua azienda e lei mi ha risposto che non sapeva nemmeno cosa fosse "questo rating". Adesso lo sa; abbiamo chiesto il finanziamento alla sua banca e, prima che questo libro sarà finito di stampare, avremo la risposta.

Un altro elemento che influenza il rating bancario è la cosiddetta **"analisi andamentale"** ossia un'analisi che riguarda la qualità dei rapporti che il cliente ha avuto storicamente e che tutt'ora intrattiene con il sistema bancario. In tal senso, questa analisi si riferisce ad alcune attività che vengono tipicamente svolte dall'impresa nell'ambito del rapporto con la banca.

Una di queste attività "tipicamente svolte" dall'impresa è la *movimentazione del conto corrente* cioè il numero di operazioni che, nell'arco di un determinato periodo di tempo, gravitano all'interno del conto corrente bancario. Quindi, ci si riferisce a tutte quelle operazioni di incasso, di pagamento, di versamento, di prelievo, di addebitamento e accreditamento che caratterizzano la gestione del conto corrente.

È chiaro che un'impresa, quale potrebbe essere un distributore di benzina che versa in conto corrente mediamente quindicimila euro al giorno in contanti, ai quali aggiungere gli incassi avvenuti tramite carte di credito, e che effettua il pagamento delle varie forniture (accessori, ricambi e altro, oltre ai carburanti) con cadenza giornaliera, presenta un andamentale sicuramente migliore rispetto a quello di un'azienda che versa trentamila euro in un'unica soluzione mensile.

7.3. Le Centrali Rischi

Le **Centrali Rischi** (conosciute anche come SIC – Sistemi di Informazione Creditizia) sono delle particolari banche dati all'interno delle quali è custodito il *"Curriculum Finanziario"* di chiunque (persone fisiche e imprese) abbia intrattenuto qualsiasi tipo di rapporto con il sistema bancario e con quello finanziario in generale. Le centrali rischi più conosciute sono la **CRIF** (Centrale Rischi di Intermediazione Finanziaria), la *CAI* (Centrale di Allarme Interbancaria), il **CTC** (Consorzio per la Tutela del Credito), la **CR** (Centrale dei Rischi) e la **Cerved** Business Information Spa.

Vent'anni fa hai chiesto un piccolo finanziamento a una società finanziaria per acquistare il tuo primo telefonino che costava 300.000 lire? Quel finanziamento è stato registrato nelle Centrali Rischi. Trentacinque anni fa hai acquistato la casa di proprietà e hai acceso un mutuo di duecento milioni di lire con la tua banca? Anche questo mutuo è stato registrato nelle Centrali Rischi. Quindi, queste centrali contengono la storia creditizia e finanziaria che riguarda ognuno di noi e ogni impresa.

Al loro interno, infatti, sono registrati i finanziamenti che sono stati richiesti, quelli che sono stati accettati e quelli che sono stati rifiutati. Inoltre, al loro interno sono registrate le informazioni che riguardano la puntualità dei pagamenti, i ritardi e le eventuali estinzioni anticipate. Insomma: il "Curriculum Finanziario" di ognuno di noi (che abbia avuto a che fare con il sistema finanziario) è registrato in queste Centrali Rischi. Nulla sfugge al loro occhio, perché sono state create proprio per valutare l'affidabilità finanziaria di un soggetto o di un'impresa nel corso del tempo.

> *Va da se che, nel momento in cui qualcuno effettua un controllo in queste centrali per capire chi sei ed emerge che ogni volta che hai chiesto un finanziamento ti è stato accordato e lo hai sempre pagato puntualmente, allora tu sei da considerare una persona seria ed "affidabile" e, quindi, continui a meritare il credito da parte del sistema.*

Questa considerazione, ovviamente, va estesa e applicata anche alla tua impresa: se l'anagrafica delle Centrali Rischi mette in evidenza che la tua azienda si è sempre comportata bene, ha sempre pagato puntualmente e ha sempre fatto ricorso al credito in modo "normale" e naturale, allora anche la tua azienda continua a meritare credito.

Il ruolo di queste Centrali Rischi è talmente importante che, quando un imprenditore mi chiede di aiutarlo a realizzare la sua idea di business tramite un finanziamento bancario, la prima cosa che gli chiedo, prima ancora di sapere in cosa consista l'idea di business, e prima ancora di dargli un appuntamento di consulenza, è: «Come sei messo con le Centrali Rischi?»

A questo punto, è il caso di aprire un altro capitolo. Infatti, non solo gli aspiranti imprenditori, ma anche tantissimi imprenditori "navigati", non conoscono nemmeno l'esistenza di queste Centrali Rischi e non hanno la benché minima idea di cosa sia tutto quello che stai leggendo in queste pagine: non sanno cos'è il merito creditizio, non sanno che c'è una cosa che si chiama "rating bancario" e non sanno nemmeno che esistono delle centrali rischi che custodiscono i dati del loro "Curriculum Finanziario"! Ovviamente, è inutile specificarti che, se sono segnalati in qualcuna di queste centrali rischi, non possono fare alcune cose come, per esempio, chiedere un finanziamento alla banca per realizzare la loro idea imprenditoriale. E, per un imprenditore, sarebbe la morte commerciale.

Probabilmente non crederai a quello che ho appena scritto, ma ti posso garantire che è così. Non conto le volte in cui alcuni imprenditori mi hanno garantito che il loro "Curriculum Finanziario" era *"in perfette condizioni"* e, poi, da controlli effettuati in una di queste centrali (di solito, la CRIF), è emerso tutt'altro.

Addirittura, una volta, un imprenditore che produce borse e borsoni sportivi per vari brand di fama nazionale e internazionale, mi aveva chiesto di dargli una mano per chiedere un finanziamento di circa 200.000 euro alla sua banca; doveva acquistare macchine per cucire più moderne, doveva ammodernare alcuni impianti e doveva ristrutturare il capannone. Prima di procedere, gli ho fatto la domanda di rito: «Come sei messo con le Centrali Rischi?» «Tutto a posto», fu la risposta sicura.

Come al solito, visto che in materia ne ho viste di tutti i colori, ho interrogato la CRIF online ed è uscita la risposta: «*cliente segnalato per uno sconfinamento di 600 euro*». Ho stampato la risposta della CRIF e l'ho portata al cliente il quale, come accade per tantissimi altri imprenditori, è caduto dalle nuvole perché non sapeva nemmeno di essere stato segnalato. Abbiamo chiesto informazioni alla sua banca ed è uscita fuori un'amara verità: lo "sconfinamento" era stato autorizzato dal direttore della filiale!

Lo "sconfinamento" presuppone la concessione di un fido da parte della banca e si verifica quando il correntista effettua operazioni in conto corrente pur non avendo più a disposizione non solo la propria liquidità, ma nemmeno la liquidità aggiuntiva che gli è stata messa a disposizione dalla banca stessa proprio grazie al fido. Di conseguenza, "*sconfino autorizzato*" significa che il direttore della filiale conosce il cliente, si fida di lui, tiene sotto controllo il suo andamentale, gli ha concesso anche un fido e, in un momento di tensione finanziaria, lo ha autorizzato a "sconfinare" oltre il fido concesso. E tu dirai: «Ma cosa c'entra l'impresa? Perché deve pagare un prezzo così alto per una cosa che è stata fatta dal direttore della banca?»

A questa domanda, sacrosanta, ti rispondo con quello che ti ho scritto qualche pagina indietro, in modo un po' crudo: al sistema finanziario non gliene frega niente se lo sconfinamento è stato autorizzato dal direttore della banca. Non gliene frega niente se è stato di "soli" 600 euro e non gliene frega niente nemmeno se questo sconfino è rientrato dopo tre giorni! Al "sistema" risulta una cosa sola: il cliente non è affidabile perché è andato oltre il limite del fido concesso e quindi non merita credito. Punto. Semplice. Drammatico.

Te ne racconto un'altra, fresca di pochi giorni fa. Quattro amici, stanchi delle loro vite lavorative e professionali, decidono di aprire un wine bar in prossimità di una delle zone della movida romana. Ognuno dotato di competenze specifiche utili alla causa, si costituiscono in società, versano un po' di capitale, chiedono tutti i permessi necessari, iniziano i lavori di ristrutturazione e iniziano a pagare le prime fatture ai fornitori. Contestualmente all'avvio dell'iniziativa economica, ho scritto il business plan della loro idea e abbiamo chiesto alla banca un piccolo finanziamento di circa 60.000 euro.

La banca ci ha avvertiti dei soliti "tempi tecnici" un po' lunghi ma ci ha assicurato che l'idea era buona e che poteva funzionare; praticamente, la banca aveva appena preannunciato che, se tutto fosse stato "a posto", avrebbe erogato i 60.000 euro. I soci hanno continuato a investire nella ristrutturazione e nell'allestimento del locale poiché avrebbero realizzato la loro idea di business comunque. Però, è chiaro che un aiuto finanziario da parte di una banca fa sempre bene, soprattutto quando si è in start-up dell'iniziativa.

Bene, cos'è successo, secondo te? Te lo dico io: è successo che, quando la banca era in una fase molto avanzata dell'istruttoria per la concessione del finanziamento, ha trovato una cosa che sarebbe stato meglio non trovare. Uno dei soci, infatti, due anni prima aveva prestato una fidejussione personale a un parente e questo parente, poco tempo dopo, era fallito mettendolo nei guai. Il socio del wine bar non sapeva nemmeno di essere stato segnalato nella CRIF per via di questo episodio e non sapeva nemmeno che il suo parente era fallito! Quando lo ha saputo è caduto dalle nuvole. Vuoi sapere com'è finita? È finita che la banca ha negato il finanziamento per la realizzazione del wine bar, che i quattro soci hanno dovuto estromettere il socio considerato "sporco" dal sistema ed è finita che, adesso, i soci sono dovuti diventare tre e hanno ripresentato la domanda di finanziamento.

Anche in questo caso, il sistema ha registrato che uno dei soci ha avuto qualche "problema" e ha acceso la bandierina rossa vicino al suo nome. So che è abbastanza dura da digerire, ma tant'è. Quindi, mi raccomando: indipendentemente dal fatto che tu sia un imprenditore "navigato" oppure che sia semplicemente un aspirante imprenditore, cerca di tenere sempre sotto controllo i conti correnti bancari e, soprattutto, cerca di avere informazioni sempre aggiornate sul tuo "Curriculum Finanziario".

7.4. I bilanci degli ultimi tre esercizi

Quando un imprenditore va in banca a chiedere un finanziamento perché deve fare nuovi investimenti, la banca, di solito, gli chiede di portare i bilanci degli ultimi due o tre esercizi. Oltre a questi bilanci, la banca chiede anche il cosiddetto "bilancino di periodo", ossia una specie di fotografia aziendale che è relativa ai tre mesi precedenti.

La banca chiede questa documentazione perché, leggendo il bilancio e il "bilancino", riesce a estrapolare e interpretare alcuni dati che, opportunamente riclassificati, forniscono delle informazioni sintetiche ed essenziali sullo stato di salute complessivo dell'impresa nel periodo considerato. Si tratta della cosiddetta **analisi del bilancio**, di cui ti parlerò nella terza parte di questo libro (cfr. paragrafo del "piano economico-finanziario").

Tramite questa analisi la banca può capire se l'azienda ha qualche difficoltà di carattere economico, finanziario o patrimoniale e, di conseguenza, può decidere se accordare un finanziamento oppure negarlo. C'è, infatti, una serie di "campanelli d'allarme" che mettono in guardia la banca appena legge certi numeri. Se un imprenditore fattura sedici milioni di euro e il profitto netto è di soli 1.600 euro (l'ho letto in un bilancio!), se ne accorgerebbero in tanti, oltre alla banca, che qualcosa non gira come dovrebbe.

In che condizioni si trova, questa impresa? È nell'anticamera del fallimento? Sono state sbagliate le politiche di mercato? Il processo di produzione assorbe più risorse di quante ne libera? Ci sono costi fuori controllo? Qualcosa non funziona a livello organizzativo? Il commercialista ha commesso qualche errore? Come vedi, le domande che potrebbe farsi una banca di fronte a certi numeri sono varie e le risposte possono essere altrettante.

Spesso, certi numeri escono fuori perché vengono impostate alcune "politiche di bilancio" che, nel pieno rispetto della normativa civilistica e fiscale, hanno l'obiettivo di ridurre al minimo il carico di tasse per l'impresa. Chiaramente, queste "politiche di bilancio" tendono sempre a presentare l'utile di esercizio "ridotto all'osso" per questioni di carattere fiscale, com'è ovvio. Il fatto è che il direttore di una banca, un potenziale socio o un potenziale partner finanziario non guardano solo gli aspetti fiscali del business ma stanno attenti ad altre cose di carattere economico e finanziario. Perché, se è vero che fatturare sedici milioni di euro per avere un utile netto di 1.600 è una cosa "buona" dal punto di vista fiscale, questa stessa cosa diventa "dolorosa" e "poco buona" dal punto di vista economico e finanziario.

Una banca, un potenziale socio o partner finanziario, infatti, non valutano affatto positivamente tutto ciò, perché quei numeri che vanno bene per l'aspetto fiscale della questione sono gli stessi numeri che, invece, potrebbero decretare la morte ormai prossima dell'impresa. *Il fatto è che, in casi come questi, ci si trova di fronte alla classica "coperta di Linus": se tiri da una parte, si scopre dall'altra...* Ricorda sempre che *la banca deve fidarsi di te e della capacità che hai di rimborsare i soldi che ti ha dato* e l'unico documento che ha in mano per avere informazioni su di te e sulla tua impresa è proprio il bilancio di esercizio! Se tu presenti un bilancio che evidenzia alcune carenze e alcune insufficienze, questo bilancio trasmette alla banca un'informazione molto sintetica: *«Qui si fattura ma non si guadagna. C'è qualcosa che non va...»*

A questo proposito, emblematico fu il caso che ti ho anticipato poco fa e che mi è costato ben 25.000 euro di parcella professionale. Ti sto parlando di un'imprenditrice che, per ristrutturare i suoi tre bed and breakfast, aveva anticipato 250.000 euro di tasca propria. Mi ha chiamato perché voleva chiedere alla sua banca un "reintegro finanziario" dei soldi che aveva anticipato e la sua banca si mostrò subito d'accordo: dopotutto, si trattava di una cliente "liquida", cioè dotata di buone possibilità finanziarie, ed era considerata una "buona cliente".

Come da prassi, prima di iniziare l'istruttoria della richiesta di finanziamento, la banca ha chiesto a questa cliente di portare i bilanci degli ultimi due esercizi più il "bilancino" fino al 30 giugno di quell'anno. Per questioni di "politiche di bilancio", il commercialista di questa cliente aveva redatto i bilanci degli ultimi due esercizi in modo che mettessero in evidenza due perdite di esercizio consecutive, mentre il bilancino di periodo evidenziava un "utile" di circa quattromila euro.

Ma, al suo interno, mancavano all'appello alcune voci di costo che, una volta inserite, avrebbero capovolto la situazione. Naturalmente, chi è abituato a leggere i bilanci ci impiega meno di un minuto per capire quando nel bilancino c'è qualcosa che non va. Infatti, il direttore della filiale notò subito questa anomalia. Diciamo che la situazione era già abbastanza compromessa con i bilanci depositati degli ultimi due anni, poiché due perdite di esercizio consecutive dicono una cosa sola: questa impresa "non funziona". Ai bilanci degli ultimi due esercizi andavano, poi, sommati i dati del bilancino al 30 giugno così il quadro è stato completo e la frittata è stata fatta!

Di fronte a quei dati, tutti negativi, la banca non ha potuto erogare il finanziamento e, quindi, la cliente si è trovata con 250.000 euro in meno sul conto corrente e io ci ho rimesso 25.000 euro di parcella. Il tutto è accaduto per responsabilità di un commercialista che, nell'impostare le politiche fiscali per la sua cliente, non ha tenuto presenti i parametri economico-finanziari dell'azienda che interessano alla banca.

Quindi, quando ti presenti in banca per chiedere un finanziamento, accertati che tutta la documentazione contabile sia in ordine, sia corretta e che contenga le informazioni "giuste" per mettere la tua impresa in condizioni di poter ricevere il finanziamento.

IL CAPITOLO 7 IN PILLOLE:

1) Il **merito creditizio** è il giudizio relativo all'affidabilità economico-finanziaria di un soggetto o di un'impresa e si basa sulla "solvibilità", ossia sulla capacità che il soggetto o l'impresa ha di ripagare i suoi debiti;

2) Il **rating bancario** è una specie di "voto" che il sistema bancario attribuisce a un soggetto o a un'impresa ed è collegato al modo con il quale è stato gestito il rapporto bancario. Quanto più alto è questo voto, tanto più viene considerato affidabile il soggetto o l'impresa che hanno chiesto il finanziamento e, di conseguenza, tanto più alte sono le probabilità di ottenere il finanziamento che è stato chiesto;

3) Il rating è influenzato da una serie di variabili quali: l'ammontare dell'indebitamento complessivo del soggetto o dell'impresa, il modo in cui sono stati gestiti i rapporti di conto corrente con la banca, l'analisi "andamentale", il rapporto tra i mezzi propri dell'imprenditore e i mezzi di terzi, il livello di scorte e dei crediti commerciali;

4) Il "**Curriculum Finanziario**" di ogni soggetto e di ogni impresa è registrato presso alcune Centrali Rischi, ossia delle banche dati all'interno delle quali sono registrate tutte le attività

di tipo finanziario che il soggetto, o l'impresa, ha intrattenuto, nel corso del tempo, con il sistema bancario e finanziario;

5) Le più importanti Centrali Rischi sono la CRIF, la CAI, la CR, il CTC e la Cerved. La CRIF è quella che viene più frequentemente utilizzata per sapere se un soggetto o un'impresa sono affidabili dal punto di vista creditizio;

6) Le **politiche di bilancio** sono le attività che, nel pieno rispetto della normativa civilistica e fiscale, vengono realizzate all'interno del bilancio di esercizio al fine di ridurre il carico fiscale dell'impresa. Solitamente le politiche di bilancio entrano in conflitto con gli obiettivi finanziari dell'impresa poiché, quando si presentano i bilanci in banca per chiedere un finanziamento, la banca guarda con molta attenzione gli indicatori di redditività al fine di capire se l'azienda sta marciando su binari corretti oppure no.

Capitolo 8:

Il business plan: cos'è e a cosa serve

> *"Il business plan è come un grimaldello che apre le porte. Non le apre tutte ma ne apre tante..."*
>
> (G. Barbarisi)

Tutto quello che hai letto finora è servito per arrivare qui. La parte terza di questo libro, infatti, è dedicata al *business plan*. Ti dirò che cos'è, a cosa serve, perché tutti lo vogliono. Ti dirò perché, oggi come oggi, se un imprenditore vuole essere credibile agli occhi del mercato, deve averne uno sempre a portata di mano. Ti dirò perché, ogni volta che andrai a chiedere un finanziamento per la tua azienda, dall'altra parte qualcuno ti dirà, sempre e immancabilmente: «Ok, portami il business plan e poi vediamo!»

Ma, soprattutto, ti dirò le due cose più importanti: la prima è la differenza che c'è tra un **Business Plan Vincente**® compilato seguendo il "Metodo Barbarisi" e "*quattro fogli di carta messi in croce e scritti anche male*". La seconda, più importante, è che ti dirò come, anche tu, puoi scrivere un business plan che ti renda "credibile" agli occhi del mercato. Ricorda che quando scrivi il business plan della tua idea, la parola d'ordine è **credibilità**.

Questo significa che, quando ti presenti sul mercato per chiedere qualsiasi cosa (un finanziamento pubblico o bancario, una partnership commerciale o l'entrata di un potenziale socio) devi essere **credibile, affidabile, attendibile** e **concreto**. Deve essere credibile quello che scrivi. Deve essere credibile la tua idea di business. Devono essere credibili i dati che presenti. Devono essere credibili i conti che hai fatto. Deve essere credibile il futuro che hai immaginato e, quindi, devi essere credibile *tu*.

In tantissime occasioni mi è stato chiesto di "mettere le mani" in piani di business elaborati male e presentati peggio! Piani di business che si perdevano in migliaia di parole ridondanti e inutili e che avevano come unico obiettivo quello di mettere in difficoltà il lettore. Ho visto piani di business in cui non erano state presentate le informazioni più importanti, con dati di mercato completamente inventati e numeri sparati a caso. Ho letto piani di business in cui mancava completamente la coerenza tra la parte descrittiva e quella tecnica. E, in qualche caso, mi è capitato anche di leggere piani di business mancanti della "parte tecnica", ossia quella relativa ai numeri.

Eh già... i numeri! Come fai a convincere qualcuno che la tua idea di business ti farà "fare i numeri" se poi quei numeri non li citi, non li esponi, non li mostri e, soprattutto, non li fai capire a tutti? Se non traduci in numeri quello che hai raccontato, a qualcuno potrebbe venire qualche ragionevole dubbio circa le veridicità di quello che stai raccontando.

Nel prossimo capitolo ti parlerò dello **Schema Logico**, ossia il metodo che ho elaborato per scrivere il Business Plan Vincente® e convincente di un'idea imprenditoriale e che è il frutto di una vita professionale passata acanto agli imprenditori a scrivere progetti per le loro idee. Come ho detto nelle pagine precedenti, applicando il "Metodo Barbarisi", ho fatto finanziare più di 140 milioni di euro alle imprese mie clienti.

Quando scrivi il business plan della tua idea seguendo le fasi di questo protocollo, le probabilità di ottenere quello che ti serve crescono in modo esponenziale; da una partnership commerciale, a un finanziamento europeo; da un potenziale socio che vuole fare business con te, a un finanziamento da parte della banca, lo Schema Logico ti serve per aumentare la tua credibilità e quella della tua idea imprenditoriale.

Devi sapere, infatti, che lì fuori, nell'arena dei mercati, ci sono persone, gruppi di persone, Enti, associazioni e altri che vogliono e cercano informazioni su di te e sulla tua azienda. Chi per un motivo, chi per un altro, tutti hanno lo stesso obiettivo: vogliono conoscere gli sviluppi futuri del tuo business. Vogliono sapere cosa hai mente di fare per i prossimi anni. Vogliono capire la direzione che prenderai. Vogliono capire se puoi garantire le "condizioni di solvibilità" per il futuro e vogliono capire se possono continuare a darti la loro fiducia (oltre che i loro soldi).

Tutte queste persone, gruppi di persone, Enti e associazioni sono i famigerati **stakeholder**, i "portatori di interesse", coloro che, per un motivo o per un altro, sono interessati alla vita della tua impresa. Infatti:

- i **soci** vogliono conoscere il rendimento del lavoro e dell'impegno profuso nel business;

- i **finanziatori-investitori** vogliono capire se l'impresa, grazie ai suoi piani di sviluppo, potrà continuare a onorare gli impegni presi;

- i **partner** vogliono conoscere il futuro dell'impresa per decidere se mantenere i rapporti di partnership oppure no;

- i **clienti** vogliono sapere se un domani potranno avere a disposizione i prodotti dell'azienda nonché i suoi ricambi, la sua assistenza e altro;

- i **fornitori** vogliono sapere se potranno ancora considerare l'impresa un partner affidabile nel futuro;

- i **dipendenti** vogliono sapere se un domani potranno mantenere il loro posto di lavoro;

- le **associazioni e altre imprese** vogliono avere informazioni perché, magari, operano nello stesso mercato;

- *lo* Stato... quello che vuole da te lo Stato lo puoi facilmente immaginare senza i miei suggerimenti.

Tutte queste persone, gruppi di persone, Enti e associazioni hanno a disposizione un solo strumento per sapere cosa vuol fare l'imprenditore e su che rotta sta mettendo la sua nave: il **business plan**. Questo accade perché nel business plan devi descrivere nel dettaglio la tua idea, devi "raccontare" come vuoi realizzarla e devi descrivere per filo e per segno di cosa ha bisogno per trasformarla in una realtà operativa. Occorre dare qualche informazione sul mercato e devi raccontare un altro po' di cose. Alla fine, tutto quello che hai raccontato va trasformato in numeri. Infatti, se tutti i numeri del tuo progetto "girano" (come dico io in gergo), allora significa che c'è la *fattibilità economico-finanziaria* dell'idea. Tradotto, significa che l'idea "si può fare" sia dal punto di vista economico che da quello finanziario.

Il business plan è lo strumento che utilizzano anche le società quotate in borsa per far conoscere le loro strategie di sviluppo futuro al fine di attirare qualsiasi forma di partnership. E se lo fanno le grandi imprese quotate in borsa, a maggior ragione ogni imprenditore che voglia essere credibile sul mercato deve avere il suo business plan sempre a portata di mano. Solo così potrà parlare della sua idea, del suo sviluppo, del suo futuro ed essere creduto! Là fuori, se si sbaglia, non c'è scampo...

Lo Schema Logico di cui ti sto parlando è quello grazie al quale, nel corso degli ultimi vent'anni, ho fatto finanziare alle imprese mie clienti oltre 140 milioni di euro. In questo momento, mentre sto scrivendo questo libro, sono in attesa di una delibera da parte del MiSE per un progetto che prevede finanziamenti pubblici per circa **49 milioni di euro** destinati a un'impresa di Napoli. Si tratta dello stesso "contratto di sviluppo" che ha utilizzato la Lamborghini per ampliare gli spazi degli stabilimenti di Sant'Agata Bolognese. Il protocollo di redazione che ho usato per il business plan di questo progetto così importante si basa proprio sul "Metodo Barbarisi" di cui ti parlerò nel prossimo capitolo.

Bene, adesso ti prendo per mano e ti porto a conoscere il signor Business Plan Vincente® realizzato seguendo lo schema del "Metodo Barbarisi". Inoltre, ti darò alcune informazioni fondamentali che altri specialisti di settore tengono ben nascoste.

IL CAPITOLO 8 IN PILLOLE:

1. Il business plan è il documento che chiunque chiede a un imprenditore per conoscere il piano di sviluppo futuro della sua impresa;

2. Quando scrivi il business plan della tua idea imprenditoriale, la cosa più importante che deve emergere è la tua credibilità e quella della tua idea. Più è vero, affidabile e credibile ciò che scrivi, più la tua idea acquista forza;

3. Il "Metodo Barbarisi" è basato sullo Schema Logico, il modello per scrivere un Business Plan Vincente® grazie al quale sono riuscito a far finanziare alle imprese miei clienti oltre 140 milioni di euro;

4. Gli stakeholder sono tutte quelle persone, gruppi di persone, enti o associazioni che sono interesse a conoscere gli sviluppi futuri dell'impresa e che, proprio per questo motivo, vogliono leggere il business plan dell'imprenditore.

Capitolo 9:

Le caratteristiche del Business Plan Vincente®

e il "Metodo Barbarisi"

> *"Per essere considerati credibili, attendibili, seri e affidabili dai mercati non è sufficiente indossare un abito qualsiasi ma bisogna mettere l'abito da sera".*
>
> (G. Barbarisi)

«Sa qual è il problema, dottore? È che tantissimi imprenditori vengono qui con quattro fogli di carta messi in croce e scritti anche male, chiedono un finanziamento a livello corporate e pensano pure di ottenerlo». Questo è quanto mi disse, qualche anno fa, il responsabile fidi del Centro Italia di una delle più grandi e importanti banche italiane durante un colloquio.

Eravamo arrivati lì dopo la nostra "prima volta": circa un mese prima, infatti, avevamo chiesto alla banca il nostro primo finanziamento poiché ci servivano un po' di soldi per completare l'ingegnerizzazione di *businessplanvincente.com*, il sito web che, di lì a pochissimo tempo, sarebbe diventato il punto di riferimento online per chiunque deve scrivere il business plan della sua idea imprenditoriale.

Ovviamente, avevamo presentato alla banca il business plan dettagliato della nostra idea: avevamo specificato tutto quello che c'era da specificare e avevamo raccontato per filo e per segno i dettagli dell'idea, come ci era venuta, quali erano i nostri obiettivi e come volevamo portarla a termine. Avevamo spiegato anche che stavamo facendo una specie di scommessa: stavamo puntando tutto su internet, sul blog del sito e su una pagina e-commerce dalla quale vendere corsi e videocorsi di formazione per imprenditori.

Correva l'anno 2009, un'era geologica fa, e internet non era quella che è oggi: il mondo non era ancora cambiato ma stava già mandando i primi segnali del fatto che, di lì a breve, tutto sarebbe stato diverso da come era sempre stato. In rete, nel nostro settore, c'erano pochissimi competitor e questo rappresentava un enorme vantaggio competitivo da poter sfruttare a nostro favore.

Ovviamente, il business plan che presentammo alla banca era stato scritto secondo lo Schema Logico del "Metodo Barbarisi": di conseguenza, avevamo effettuato le ricerche di mercato e avevamo elaborato anche tutte le previsioni economico-finanziarie necessarie per rendere credibili i numeri della "parte tecnica" del nostro business plan.

Avevamo addirittura acquistato alcuni info-prodotti della concorrenza per capire come lavorava e cosa offriva al mercato e per differenziarci. Così facendo, tutto quello che avevamo raccontato nella "parte descrittiva" del progetto acquistava credibilità e aumentava le probabilità di ottenere quello che ci serviva: i soldi.

Ricordo come se fosse ieri le parole che mi disse la direttrice della banca che firmò il finanziamento: «*Complimenti! È la prima volta che vedo un business plan fatto così bene, così chiaro, completo, esaustivo e credibile!*» E ricordo molto bene anche cosa successe qualche giorno dopo quelle parole:

FAQ   CONTATTI   CAMBIO REB   MODIFICA PIN   ESCI

MUNICAZIONI   AMMINISTRAZIONE   NEW   MY BUSINESS MANAGER

ULTIMI MOVIMENTI   Elenco causali movimenti

Ordina per:

Operaz.	Valuta	Caus.	Descrizione	Importo
15.02.2011	15.02.2011	048	BONIFICO A VOSTRO FAVORE	
22.02.2011	22.02.2011	048	BONIFICO A VOSTRO FAVORE DA	
22.02.2011	22.02.2011	080	PAGAMENTO FATTURA A VOSTRO CARICO RID DA 7407	
23.02.2011	23.02.2011	061	EROGAZIONE FINANZIAMENTO EROGAZIONE A SALDO F	72.418,50
24.02.2011	24.02.2011	092	PAGAMENTO PREMIO ASSICURAZIONE	
24.02.2011	24.02.2011	092	PAGAMENTO PREMIO ASSICURAZIONE POLIZZA CPI D	

Il 23 febbraio del 2011, la banca accreditò sul conto corrente della nostra società il nostro *primo finanziamento di 72.418,50 euro ottenuto senza il rilascio di garanzie!* La direttrice che autorizzò il finanziamento era talmente entusiasta di quel progetto che mi propose di incontrare il responsabile fidi per il Centro Italia della nostra banca il quale, dopo avermi detto le parole che ho scritto all'inizio di questo capitolo, aggiunse: «*Vede, la banca vorrebbe erogare i finanziamenti agli imprenditori perché sostenere lo sviluppo delle imprese è il nostro mestiere. Però, mi creda: davanti a certe richieste di finanziamento siamo con le mani legate, non possiamo fare niente. Non possiamo erogare*».

Sentire pronunciare certe parole direttamente dal responsabile fidi

Centro Italia di una delle banche più importanti del paese è stata la conferma a quello che sostengo da almeno un ventennio: per essere considerati credibili, attendibili, affidabili e seri dagli stakeholder *non basta indossare un vestito qualsiasi, ma bisogna mettere l'abito da sera.*

Quello che tantissimi imprenditori ancora faticano a capire è una cosa molto semplice: *il business plan è il biglietto da visita con cui l'imprenditore presenta se stesso e la sua azienda sul mercato.* Nonostante nel tempo si sia trasformato nello strumento utilizzato per ottenere qualcosa, il suo ruolo fondamentale non è cambiato: infatti, *il business plan è lo strumento più importante che ha a disposizione l'imprenditore per comunicare ai mercati quello che vuole fare della sua impresa nel futuro.*

Per questo ti parlo di "progetto". Se nel progetto della tua idea di business ci scrivi un sacco di cazzate, inventi numeri che non ci sono, citi mercati che non esistono, fai previsioni senza senso, ometti alcune informazioni fondamentali e racconti che, grazie alla tua ultima idea di business, diventerai *l'uomo (o la donna) più ricco del mondo in soli tre mesi,* i tuoi interlocutori come minimo penseranno che non sei credibile né attendibile e che, quindi, non meriti attenzione. Se hai chiesto soldi alla tua banca, a un potenziale socio o alla Pubblica Amministrazione, questa mancanza di credibilità si concretizza con un bel buco nell'acqua, ossia con il mancato ottenimento di quello che ti serve: i soldi.

Immagina questa scena: io vengo da te a chiederti **un milione di euro** che mi serve per avviare *la mia nuova idea di business super-fichissima che sbancherà il mercato in soli sei mesi.* Qual è la prima domanda che ti viene in mente di farmi prima di qualsiasi altra? «*In cosa consiste questa idea?*» Giusto? Immagina che a questa tua domanda io risponda con informazioni confusionarie, vaghe, disordinate, incomprensibili e approssimative. Le mie risposte, più che chiarirti le idee, te le hanno annebbiate perché non hai capito in cosa consista la mia "idea super-fichissima" che mi farà diventare milionario. E non hai nemmeno capito come vorrei portarla avanti.

A questo punto, molto probabilmente, ti verrebbe in mente di farmi una seconda domanda: «*Di cosa hai bisogno per realizzare la tua idea?*» A quest'altra domanda io ti rispondo ancora in modo vago, approssimativo, incompleto e poco convincente. Inizio a fare dei giri di parole che servono solo a confonderti le idee e tu inizi a pensare che ci sia qualcosa che non quadra. Da questo momento in poi, le tue saranno le classiche domande di un interrogatorio fatte per smascherare il colpevole e per dimostrare che sta mentendo!

Infatti, dalle risposte che ti ho dato hai capito che c'è ancora molta confusione nella mia testa e che, di conseguenza, sono poco credibile e anche poco affidabile. Dopotutto, sono venuto a chiederti un milione di euro per realizzare la mia nuova "idea super-fichissima", mica i bruscolini! Per questo, giustamente, vuoi approfondire e vuoi capire in maniera chiara, netta e convincente se sono solo un cantastorie oppure se la mia idea può funzionare veramente. In fondo, devi prendere una decisione e devi rispondere a una domanda cruciale: «Mi conviene oppure no prestarti i miei soldi?»

Questo semplice esempio mi è servito per farti capire una cosa fondamentale: qualsiasi finanziatore, prima di aprire il portafogli, vuole sapere esattamente cosa ci devi fare con i suoi soldi e, soprattutto, vuole sapere se sarai in grado di restituirglieli, facendogli guadagnare qualcosa. Quello che voglio dirti è che ogni interlocutore che avrà a che fare con te e con la tua azienda vorrà sapere chi sei, cosa fai, come lo fai e insieme a chi lo fai. E, soprattutto, vorrà avere un quadro chiaro di quello che diventerà la tua idea nel futuro.

Quindi, ti farà una sfilza di domande che hanno l'obiettivo di capire quanto sei credibile e, soprattutto, se la tua idea "funziona" oppure no. Queste domande, di solito, vengono poste secondo una sequenza logica che rispetta alcuni "schemi mentali" propri del buon senso comune e della logica del business. Niente di fantascientifico. In pratica, e in estrema sintesi, si tratta di una serie di domande che vengono poste seguendo uno schema che ha come obiettivo quello di capire la *fattibilità della tua idea di business*.

Non è importante se ti serve un finanziamento dalla tua banca o se vuoi partecipare a un bando pubblico; così come non è importante se in ballo c'è una partnership commerciale oppure l'ingresso di un nuovo socio nella compagine sociale. Quello che conta sono le risposte che darai per far capire ai tuoi interlocutori che sai quello che stai facendo e che la tua idea è davvero fattibile e redditizia! La *fattibilità di un'idea di business* è un tipo di valutazione che viene effettuata per capire se una certa idea imprenditoriale può "funzionare" oppure no. Questa valutazione viene fatta osservando e analizzando attentamente tre punti di vista che riguardano l'azienda: il punto di vista del mercato, quello economico e quello finanziario. Vediamo di cosa si tratta.

9.1. La fattibilità di mercato

Per capire se un'idea imprenditoriale può avere successo oppure no, occorre studiarla e analizzarla a vari livelli e da vari punti di vista. L'analisi di fattibilità di un'idea di business parte sempre dalla valutazione del cosiddetto **mercato di riferimento**, ossia il mercato al quale intendi offrire il tuo prodotto o il tuo servizio. Il perché di questo punto di partenza è abbastanza ovvio da comprendere: se c'è un mercato, allora vuol dire che ci sono potenziali clienti disposti a spendere denaro per acquistare il tuo prodotto o servizio.

Di conseguenza, potrai contare su un certo *volume di ricavi futuri attesi* derivanti dalla vendita del prodotto o servizio a quel gruppo di clienti potenziali (che si chiamano "target") e la tua idea di business è considerata *"fattibile dal punto di vista del mercato"*. Se, invece, questo mercato di riferimento non c'è, oppure presenta delle dimensioni molto limitate e le probabilità di vendere il tuo prodotto o servizio si riducono di molto, allora la tua idea *"non è fattibile dal punto di vista del mercato"*. Ti anticipo che, di solito, la mancata fattibilità di mercato di un'idea determina la sua mancata fattibilità economica. Tra poco ti dirò il perché.

Spesso e volentieri molti imprenditori, e soprattutto aspiranti imprenditori, non fanno queste analisi di mercato e inventano una serie di dati essenziali e cruciali per la valutazione del business. In questa fase, molto spesso esce fuori il lato fantasioso, istrionico e immaginifico di tanti imprenditori e aspiranti imprenditori. Molti, infatti, a questo punto iniziano letteralmente a dare i numeri e a dare un po' troppo spazio alla fantasia e all'immaginazione, iniziando a fare delle previsioni che sono del tutto sballate e basate sulla speranza e sulla convinzione piuttosto che su veri e propri valori attendibili.

Mentre sto scrivendo, mi viene in mente un cliente che, una quindicina di anni fa, voleva acquistare un convento abbandonato che stava sul cocuzzolo di una collina e si era messo in testa di farne un ristorante. La sua idea "differenziante" era basata sul mezzo per arrivare in cima: una funivia di circa 500 metri. Non aveva previsto di realizzare una strada che permettesse ai clienti di arrivare sulla cima con i mezzi che avevano: auto, moto, biciclette o anche... le gambe! Si era fissato sul fatto che, chi voleva andare a mangiare nel suo ristorante, doveva prendere per forza la funivia perché sarebbe stata una specie di *attrazione in grado di far vivere emozioni ai clienti*", come mi disse.

Al di là delle considerazioni da fare a proposito di tutti coloro che potrebbero avere paura di salire su una funivia (considerazioni che andrebbero comunque effettuate poiché riducono la possibilità di "fare business"), quello che mancava, in questa idea, era proprio la sua fattibilità. Facendo due calcoli al volo, senza nemmeno approfondire, venne fuori che, per ristrutturare e mettere a norma il convento abbandonato, per allestire il ristorante e per tirare su la funivia sarebbe servito circa un milione e mezzo di euro.

Un'idea del genere non è, di per sé, da considerare una follia se il ristorante sta al centro di Roma, di Milano o di qualche altra città con più di un milione di abitanti. Non sarebbe da considerare un'idea folle nemmeno se a proporla fosse uno chef stellato con dieci anni di esperienza alle spalle che, magari, passa i suoi pomeriggi in Tv a dispensare consigli di cucina. E non sarebbe da considerare folle nemmeno se a proporla fosse un ristoratore. Ma un'idea come questa diventa completamente non fattibile se sta in un piccolo centro in provincia di Viterbo e se chi la propone non è uno chef stellato, né un ristoratore e, quindi, non sa cosa sta facendo e a quali rischi sta andando incontro.

Infatti, come ben sanno i ristoratori (che sono, comunque, imprenditori), far arrivare i clienti nel proprio ristorante non è proprio scontato e banale. Non basta avere un locale più figo rispetto a quello del concorrente vicino e non basta nemmeno avere il menu più curato e particolareggiato. Spesso, per attirare clientela, non basta nemmeno avere lo chef di un certo livello che propone nuovi piatti e nuovi gusti.

Il successo di un ristorante, così come quello di ogni attività, dipende da un mix di variabili che si devono intrecciare e coordinare in maniera quasi perfetta per poter funzionare e per trasformare l'attività in un successo. Ecco perché la fattibilità di mercato di un'idea imprenditoriale ha tutta questa importanza!

La fattibilità di mercato di un'idea di business, infatti, è il presupposto di base sul quale si fonda la bontà di un'idea imprenditoriale. Se esiste un mercato disposto ad acquistare il tuo prodotto o servizio, allora è possibile effettuare le previsioni di vendita le quali rappresentano il punto di partenza per valutare la fattibilità dell'idea. Ovviamente, le variabili da considerare per valutare se un'idea può funzionare oppure no sono molte. Spesso, una variabile come la **tecnologia** può rappresentare un trampolino di lancio per un'idea di business così come può rappresentarne il limite principale.

Nel lontano 1997, venne a chiedermi una consulenza un'aspirante imprenditrice che aveva avuto un'idea da presentare al mercato in occasione del Giubileo che si sarebbe svolto, nel 2000, a Roma. L'idea consisteva nel creare una sorta di percorso audio e video delle chiese più importanti di Roma che sarebbe terminato all'interno della basilica di San Pietro. Io rimasi un po' perplesso, perché erano i tempi del floppy disk, che conteneva pochissime informazioni, e non riuscivo a capire come sarebbe stato possibile caricare in un unico supporto tutto quel materiale audio e video. Chiesi a questa aspirante imprenditrice come avrebbe risolto questo "piccolo" problema e la risposta che mi diede fu semplicissima: *«C'è una nuova tecnologia che si chiama CD-ROM che permette di caricare una quantità enorme di dati rispetto a quello che può fare un floppy disk».* Probabilmente, leggendo queste ultime righe, ti è scappato un sorriso perché avrai pensato che il CD-ROM è una tecnologia ormai vecchia, stravecchia e superata. E hai ragione perché, di fatto, è così.

Ma noi non dobbiamo pensare con la tecnologia disponibile oggi, bensì con quella che c'era nel 1997: all'epoca, il CD-ROM non era ancora conosciuto e la sua diffusione era limitata alla fascia più benestante della popolazione. Ricordo che, all'epoca, avere in casa un lettore CD era una cosa davvero per pochi! Ed è stata proprio questa la causa per la quale la variabile "tecnologia" rese non fattibile l'idea di business.

9.2. La fattibilità economica

La fattibilità di mercato, in linea di massima, porta con sé quella economica. Abbiamo appena detto che "fattibilità di mercato" significa che c'è un gruppo più o meno ampio di potenziali clienti disposti ad acquistare il tuo prodotto o il tuo servizio a un certo prezzo. Quando un cliente acquista il tuo prodotto o il tuo servizio, tu incassi i soldi relativi alla vendita e realizzi il cosiddetto **fatturato**, una delle variabili più importanti nell'ambito della gestione aziendale.

Quindi, mi sembra chiaro ed evidente che a maggiori quantità del tuo prodotto o servizio vendute corrisponde un maggior livello del fatturato. Quello che comunemente viene chiamato "fatturato", tecnicamente si chiama "ricavi", cioè i soldi che l'azienda incassa grazie all'attività di vendita. I ricavi si trovano nel conto economico insieme ai costi (di gestione) e servono per verificare la cosa più importante di tutte nell'ambito della gestione aziendale: servono per capire se l'impresa sta "andando bene" o se sta "andando male". Un'impresa va bene dal punto di vista economico quando i ricavi che consegue sono superiori rispetto ai costi che deve pagare. Quando, invece, i ricavi sono minori dei costi, si dice che l'azienda *è in perdita*.

Torniamo, adesso, alla famosa "fattibilità economica" di cui stiamo trattando: quando è che si può dire che *un'idea di business è fattibile dal punto di vista economico*? Un'idea di business viene considerata fattibile dal punto di vista economico quando riesce a produrre un volume di ricavi costantemente e convenientemente superiore al volume dei costi. La "fattibilità economica" non è altro che una serie di calcoli, ipotesi e congetture che hanno l'obiettivo di dimostrare che la tua idea di business, nel futuro, sarà in grado di produrre un volume di ricavi superiore al volume dei costi. In pratica, si tratta di fare alcune *previsioni* relative ai ricavi che sarà possibile conseguire e ai costi che si dovranno sostenere grazie alla nuova idea.

Attenzione! Visto che siamo nel campo delle previsioni, ricorda una cosa fondamentale: ogni stima, per definizione è soggetta a errore. Quello che conta è la dimensione di questo errore. Infatti, un conto è commettere un errore del 4-5% o anche poco più, un altro conto è un errore derivante da stime fantasiose e prive di ogni fondamento che, di solito, portano l'azienda dritta al fallimento!

Ecco perché ti ho scritto più volte che, *quando scrivi il business plan della tua idea, la parola d'ordine è credibilità.* Quando tu sostieni la tua idea di business con dati di mercato reali, provenienti da fonti attendibili, che sono verificabili e che evidenziano la fattibilità economica della tua idea, allora le probabilità di ottenere quello di cui hai bisogno crescono incredibilmente perché tu e la tua idea risultate credibili agli occhi dell'interlocutore.

Fondamentalmente, devi ricordare una cosa molto semplice: se qualcuno volesse entrare in partnership con te, diventare tuo socio oppure decidere se concederti un finanziamento, la prima cosa che andrebbe a verificare sarebbe proprio la fattibilità economica della tua idea, ossia *se e quanto rende.* Devi sapere che un potenziale investitore non si limita a verificare solo *se* la tua idea rende, ma vuole anche capire *quanto* rende. Infatti, non è detto che la presenza di un rendimento sia sufficiente per attirare un investitore, poiché questo investitore potrebbe essere interessato a idee di business che garantiscono un rendimento superiore a una certa soglia. E se la tua idea non "rende" almeno quella soglia minima, lui non è interessato, ti volta le spalle e se ne va.

A questo punto, è giusto sapere che uno degli errori più clamorosi che commettono tantissimi imprenditori quando devono fare le previsioni sui fatturati futuri è quello di utilizzare il parametro dell'incremento percentuale sull'anno precedente. Questi imprenditori, infatti, ragionano in questo modo (sbagliato): *"Lo scorso anno abbiamo fatturato tre milioni e mezzo di euro e per il prossimo anno prevedo un bel +10%. Quindi le previsioni di vendita per il prossimo anno sono di 3.850.000 euro"*. E lo scrivono nei bilanci di previsione senza alcun riscontro logico, senza alcun dato di mercato a disposizione.

Spesso questi imprenditori non hanno nemmeno la percezione del fatto che il mercato in cui operano è cambiato e che, di conseguenza, sono cambiate anche un altro po' di cose. Loro si limitano a scrivere che «*il prossimo anno faremo +10%*» e pensano che a una banca vada bene così, senza sapere che la banca (o chi per lei), invece, vuole capire il perché di quel +10%. Vuole capire da quali dati è uscita fuori una previsione del genere.

Se io venissi da te e ti dicessi che per il prossimo anno ho previsto un incremento del fatturato pari al 10% senza spiegarti il perché e senza dati di mercato, tu ti fideresti delle mie *previsioni di fatturato*? Io no, non mi fiderei. E non si fidano nemmeno la tua banca, la Pubblica Amministrazione, un potenziale partner commerciale o anche un potenziale socio che vuole entrare in affari con te. Perché, per valutare la fattibilità economica della tua idea, vogliono avere la certezza che le tue previsioni siano state elaborate su dati reali e che non siano il frutto della tua fantasia e/o delle tue speranze.

Sostenere, infatti, che «*il mercato dell'estetica mostra un 7% rispetto all'anno precedente*» acquista un significato diverso a seconda che questo dato sia stato estrapolato dagli atti ufficiali del Convegno sull'Estetica che si è tenuto a Milano nel mese scorso oppure se te lo ha detto un tuo amico. A meno che il tuo amico non sia un operatore di settore e, come tale, ha a disposizione dati di mercato ufficiali, le sue previsioni valgono poco più di niente. E se tu basi le tue previsioni di fatturato su dati non ufficiali (o, peggio ancora, inventati) risulti poco credibile agli occhi dei tuoi interlocutori.

9.3. La fattibilità finanziaria e la "regola del 70/30"

Se la fattibilità di mercato e la fattibilità economica sono le basi per dimostrare che un'idea di business "funziona", la fattibilità finanziaria ne è la cartina di tornasole. Infatti, questo tipo di valutazione ha a che fare con i soldi necessari per mettere in piedi la baracca! Perché, *per avviare qualsiasi nuova idea di business, oppure per fare nuovi investimenti, servono i soldi.* Detta in altri termini, potresti avere l'idea più fattibile del mondo sia dal punto di vista del mercato sia dal punto di vista economico, ma potresti non avere i soldi per farla partire. Questa ipotesi capita più spesso di quanto tu possa immaginare.

Infatti, in più di un'occasione mi è capitato di parlare con imprenditori che avevano avuto delle idee di business davvero interessanti ed economicamente fattibili ma, purtroppo, non avevano il "capitale proprio" necessario per avviare l'iniziativa. In qualche caso si è trattato del classico esempio di soggetti *che vogliono fare gli imprenditori solo con i soldi dello Stato,* come dico io; si tratta di persone che sono disposte a fare impresa solo e soltanto se ottengono qualche finanziamento a fondo perduto dallo Stato o dall'Europa.

In molti altri casi, invece, si è trattato di idee che, per essere attivate, necessitavano di capitali davvero ingenti che l'imprenditore non aveva a disposizione e che non avrebbe potuto trovare altrove.

Quando si parla della "fattibilità finanziaria" di un'idea imprenditoriale, infatti, ci si riferisce alla possibilità di mettere insieme tutti i soldi necessari per coprire il cosiddetto **fabbisogno finanziario**, ossia la quantità di soldi complessiva che occorre avere a disposizione per avviare l'iniziativa. Ed è è praticamente impossibile non parlare della "**regola del 70/30**". Questa regola (non scritta ma sempre operativa) stabilisce che, in qualsiasi iniziativa imprenditoriale, l'imprenditore dovrebbe versare di tasca sua almeno il 30% dei capitali necessari per avviarla.

Questa regola è una specie di mantra che viene recitato ogni volta che un imprenditore si rivolge a qualcuno per ottenere un finanziamento pubblico o privato e sfata anche una delle tante *leggende metropolitane* che girano intorno al discorso "finanziamenti alle imprese". La logica di base, infatti, è molto semplice ed è la seguente:

> *"Caro amico imprenditore, quanti soldi sei disposto*
> *a versare di tasca TUA per realizzare la TUA idea?"*

Dalla risposta che dai a questa domanda, dipende la fattibilità finanziaria della tua idea di business. Se, infatti, rispondi (come fanno in tanti): «Io vorrei metterci i soldi, ma non ho nemmeno un euro e quindi non ci metto niente», le probabilità che la tua idea sia fattibile dal punto di vista finanziario si riducono drasticamente e diventano prossime allo zero. Di conseguenza, sarà anche abbastanza difficile riuscire a ottenere un prestito, nel caso lo avessi chiesto.

Come ti ho detto nelle pagine precedenti, in questi casi la fattibilità di mercato e quella economica contano abbastanza poco: se puoi mettere nel tuo progetto almeno il 30% dei soldi necessari ad avviarlo, allora se ne può parlare. Altrimenti, come direbbe qualcuno, "le chiacchere stanno a zero" e diventa un pochino complicato capirsi e, soprattutto, concludere affari e ottenere finanziamenti.

Non voglio dire che sia impossibile ottenere un aiuto finanziario da qualcuno (la banca, la Pubblica Amministrazione o un potenziale partner finanziario), dico solo che, se non ci metti i soldi di tasca tua, viene meno proprio la tua credibilità. Ovviamente, la percentuale di fattibilità finanziaria della tua idea aumenta all'aumentare della quantità di soldi che sei disposto a versare nell'iniziativa: praticamente, più soldi ci metti di tasca tua, più la tua idea diventa finanziariamente fattibile. Dopotutto, mi sembra abbastanza logico: nell'ipotesi (rara) in cui tu decidessi di immettere nella tua idea il 100% dei soldi necessari per avviarla, l'idea di business sarebbe finanziariamente fattibile, visto che i soldi ce li metteresti tutti tu, di tasca tua!

Rimanendo in tema di finanziamenti (bancari o pubblici) è possibile affermare che la "regola del 70/30" è una delle tante variabili che fanno la differenza tra l'ottenere un finanziamento e il non ottenerlo. Infatti, ci sono alcune ragioni che spiegano l'esistenza di questa regola. La prima di queste ragioni ha a che fare con l'**equilibrio finanziario dell'azienda**: un eccessivo peso dei debiti fa crescere il livello del "rischio finanziario" tuo e di chi ti ha prestato i capitali. E mi sembra abbastanza chiaro che, se tu rischi poco o niente per mettere in piedi la tua idea, tutto il rischio è trasferito a chi ti presta i soldi. È per questo che, di solito, all'imprenditore viene chiesto di immettere nell'iniziativa "almeno il 30% dei capitali necessari". Così rischia anche lui, di tasca sua.

La seconda motivazione che giustifica la "regola del 70/30" ha a che fare con la **serietà** dell'imprenditore e, di conseguenza, con la sua **credibilità**. Qualsiasi stakeholder ti considera un imprenditore "serio" e affidabile quando sei tu il primo a mettere a rischio i tuoi soldi, la tua sicurezza e la tua azienda per realizzare un'idea che hai avuto. Quando ci metti i tuoi soldi, significa che hai fatto due conti, che ci credi davvero e che sei disposto a rischiare in proprio, pur di realizzare la tua idea. Tieni presente una cosa molto importante: questo tipo di atteggiamento è molto apprezzato dagli stakeholder i quali, quando si trovano di fronte a un imprenditore che rischia in proprio, sono più aperti a valutare l'ipotesi di aiutarlo a realizzare i suoi obiettivi.

Mettiti per un attimo nei panni di una banca: immagina che, per realizzare la tua idea, tu abbia bisogno di 800.000 euro e che comunichi alla banca che ne hai 400.000, ossia il 50% del totale. Questa situazione sarebbe ben diversa rispetto a quella in cui tu dovessi comunicare alla banca che, invece, hai solo 100.000 euro. In questo secondo caso, la banca potrebbe avere qualcosa da ridire, poiché non verrebbe rispettata proprio la "regola del 70/30" e potrebbe dirti che ci metti pochi soldi rispetto alle esigenze di investimento. Ovviamente, se tu dovessi comunicare alla banca che non ci metterai nemmeno un euro e che vuoi «fare tutto con il finanziamento bancario», beh, le probabilità di ottenere il finanziamento stesso sarebbero praticamente pari a zero!

Tieni presente quest'altra cosa molto importante: nel caso in cui tu avessi chiesto un finanziamento pubblico o fossi in procinto di chiederne uno, anche lo Stato, le regioni e l'UE ragionano allo stesso modo di una banca: salvo rari casi con bandi particolari, anche in ambito pubblico viene richiesto il rispetto della "regola del 70/30".

Ecco perché vorrei sfatare un'altra leggenda metropolitana che gira intorno al discorso "finanziamenti alle imprese": tantissimi imprenditori (e, ancor più, tantissimi aspiranti imprenditori) spesso non rispettano la "regola del 70/30" per una ben precisa volontà, senza capire che questo atteggiamento crea un sacco di danni a loro e alle loro aziende. Molti non ci pensano proprio a metterci i soldi di tasca propria e vogliono fare gli imprenditori con i soldi degli altri!

In linea di massima, sono gli stessi che, quando si trovano di fronte alle domande di finanziamento respinte, iniziano a imprecare contro il cielo, contro tutti i suoi abitanti, contro le banche, contro la Pubblica Amministrazione e anche contro il "governo ladro". Sono gli stessi imprenditori che non conoscono la "regola del 70/30" e che non sanno che le probabilità di ottenere un finanziamento vanno di pari passo con la quantità di soldi che loro stessi sono disposti a rischiare per realizzare i loro obiettivi: *più soldi sono disposti a rischiare per le loro idee di business, maggiore sarà la credibilità con cui li tratterà il mercato.*

9.4. La pianificazione strategica

Fare la pianificazione strategica, in senso generale, significa stabilire degli **obiettivi** tenendo presenti i **mezzi** a disposizione ed elaborare delle **strategie** per conseguirli. Lo schema logico da seguire per fare la pianificazione strategica è molto semplice ed è il seguente:

Gli **obiettivi**. Il punto di partenza di una buona pianificazione è sempre la *definizione degli obiettivi*, poiché una nave che naviga in mare senza un timoniere e una rotta da seguire è destinata a sbattere contro gli scogli. Questo significa che anche tu devi definire i tuoi obiettivi.

Se, per caso, leggendo queste righe hai pensato che i tuoi obiettivi siano qualcosa come *"il prossimo anno voglio fatturare 100 milioni di euro"* oppure *"voglio diventare il leader del mio mercato"* o, ancora, *"voglio conquistare la leadership tecnologica nel mio settore"*, si tratta indubbiamente di obiettivi interessanti ma non sono quelli più importanti per te, per la tua azienda e, soprattutto, per le sue prospettive di sviluppo.

I due obiettivi più importanti di qualsiasi impresa, infatti, sono la **vision** e la **mission**, due concetti praticamente sconosciuti all'interno della stragrande maggioranza delle imprese italiane. La *vision*, infatti, è *il sogno dell'imprenditore*, ossia la creazione di uno scenario futuro che ha in mente un imprenditore quando decide di entrare in un mercato con il suo know-how, le sue competenze e la sua passione. Tu hai già identificato la tua vision? Se non lo hai fatto, fermati un attimo e dedica del tempo a questo obiettivo. È molto importante.

ESERCIZIO: definisci la *vision* della tua azienda

In questo libro, per esempio, ho citato più volte la vision della mia azienda dicendo che è *portare la cultura d'impresa all'interno delle imprese*. Come vedi, si tratta di uno scenario futuro che ancora non c'è, ma che vorrei si realizzasse.

La *mission*, invece, è lo scopo ultimo" dell'azienda, il motivo della sua esistenza, ed è ciò che distingue la tua attività da quella di un'azienda concorrente. Tu hai mai pensato qual è la mission della tua azienda? Se non lo hai ancora fatto, fermati un attimo a pensarla e, poi, inizia a trascriverla.

ESERCIZIO: definisci la *mission* della tua azienda

Dopo aver definito i due obiettivi più importanti, è possibile passare agli altri obiettivi che possono essere quelli che ho menzionato sopra: "Il prossimo anno voglio fatturare 100 milioni di euro" oppure "Voglio diventare il leader del mio mercato", o "Investirò il 5% del fatturato in formazione perché voglio che la formazione diventi un asset strategico della mia azienda".

A questo punto, è d'obbligo specificare la sottile ma sostanziale differenza che c'è tra due termini che vengono usati come sinonimi ma che sinonimi non sono. La **pianificazione**, infatti, riguarda tutte quelle attività che hanno a che fare con un periodo di tempo medio-lungo (3-5 anni), mentre la **programmazione** riguarda tutte quelle attività che hanno a che fare con un periodo di tempo più breve (1-3 anni). Quindi, non confondere mai i due termini. Detto questo, nell'ambito della vision della mission, prima stabilisci gli obiettivi di medio-lungo termine e, successivamente, quelli di breve termine.

ESERCIZIO: definisci gli obiettivi a lungo termine della tua azienda

____

____

ESERCIZIO: definisci gli obiettivi a breve termine della tua azienda

____

____

I **mezzi**. Quando si affronta il tema "mezzi a disposizione", non ci si riferisce solamente ai soldi necessari per realizzare un'idea imprenditoriale. Quando si parla di *mezzi a disposizione*, infatti, ci si riferisce anche:

- *ai mezzi organizzativi;*
- *ai mezzi tecnologici;*
- *ai mezzi logistici;*
- *al know-how;*
- *alle risorse umane.*

In pratica, i mezzi a disposizione sono tutto ciò di cui possiamo disporre per conseguire un obiettivo. È evidente che *i mezzi a disposizione condizionano la scelta delle strategie*, poiché queste ultime devono essere pianificate proprio in relazione ai mezzi disponibili, oltre che nel rispetto degli obiettivi da conseguire. In tal senso, infatti, se vuoi lanciare il tuo nuovo prodotto/servizio a livello nazionale, puoi anche pianificare la campagna televisiva più bella, più moderna, più convincente del mondo ma, se non hai a disposizione qualche milione di euro da investire sui canali RAI o Mediaset, la tua rimarrà solamente una bella idea.

Allo stesso modo, se hai deciso di promuovere il tuo prodotto attraverso i social e hai a disposizione 100.000 euro, ma non riesci a trovare un social media manager in grado di ottimizzare le tue campagne, stavolta ci sono i soldi ma non le competenze giuste.

Le **strategie**. Come ti ho anticipato poco fa, le strategie sono le scelte che effettui per conseguire un obiettivo tenendo presenti i mezzi che hai disposizione. Immagina che il tuo obiettivo sia andare da Roma a Milano. Devi fare la scelta: «Come ci vado?» Questa domanda attiva il cervello, che si mette subito in moto per trovare la soluzione più opportuna per conseguire l'obiettivo. Ovviamente, mentre elabora, il cervello tiene presente una serie di variabili che entrano in gioco e che, in un modo o nell'altro, condizionano la scelta.

Le variabili che considera possono essere il tempo, la paura (del treno/aereo/auto o altro) e, ovviamente, anche il costo. Quest'ultima variabile, nel nostro esempio, è quella che condiziona maggiormente la scelta finale perché, se hai a disposizione solo cento euro, il treno è l'unica soluzione che puoi adottare per andare a Milano e tornare. Infatti, l'aereo costa più di duecento euro e andare in auto (o in moto) ne costa altrettanti (tra carburante e caselli autostradali). Potresti andare con il bus, che costa meno. Ma devi mettere in conto almeno il doppio del tempo rispetto al treno e all'aereo. Questo è quello che puoi fare se la tua scelta è condizionata dai cento euro disponibili.

Se invece hai a disposizione cinquemila euro, allora è possibile considerare altre soluzioni e, di conseguenza, si allarga la gamma delle strategie che puoi adottare. Se il tempo per te non è una variabile critica, allora puoi decidere di noleggiare una Bentley con autista per due giorni e andare a Milano in totale relax immerso nel lusso e inebriato dall'odore della pelle Connolly che riveste tutto l'abitacolo e che ti rapisce i sensi. Ovviamente, se fai parte della ristretta cerchia dei super ricchi, immagino che tu abbia a disposizione un jet personale e che, di conseguenza, tu riesca a organizzare i tuoi spostamenti utilizzandolo.

Come avrai certamente capito, le strategie che puoi utilizzare per conseguire un obiettivo variano al variare dei mezzi che hai a disposizione. In pratica, e in maniera molto sintetica, anche in questo caso c'è uno schema di base che ha una sua logica ed è il seguente:

Tutte queste informazioni le devi raccontare all'interno del business plan seguendo proprio lo Schema Logico del "Metodo Barbarisi" poiché, come ti ho accennato in precedenza, il business plan è lo strumento della pianificazione ed è il principale mezzo di comunicazione che hai a disposizione per relazionarti con il mondo che sta al di fuori della tua azienda. Ovviamente, affinché il business plan possa aiutarti a definire e a conseguire i tuoi obiettivi e affinché risulti "convincente" agli occhi di uno stakeholder, deve essere scritto seguendo lo Schema Logico di cui ti ho accennato e deve avere alcune caratteristiche ben precise.

9.5. Le caratteristiche di un Business Plan Vincente®

In questo paragrafo del libro voglio sconfessare qualche altra "leggenda metropolitana" che gira intorno al mondo dei finanziamenti e delle attività di pianificazione. Infatti, molto spesso le richieste di finanziamento (sia bancarie sia pubbliche) vengono respinte proprio perché i business plan che vengono presentati non rispettano alcune caratteristiche essenziali che deve avere questo documento.

Prima di passare in rassegna queste caratteristiche, tieni a mente quello che sto per scriverti: indipendentemente dal ruolo che ricopre (potrebbe essere il direttore della tua banca oppure un potenziale socio che vuole entrare in affari con te), chi legge o dovrà leggere il business plan della tua idea è un essere umano il quale è allergico a una serie di cose e riluttante rispetto ad altre.

Quindi, il tuo compito è abbastanza preciso e anche abbastanza semplice: *devi mettere questo essere umano nelle condizioni di fare il minor sforzo possibile per leggere il tuo progetto.*

Devi fare in modo, cioè, che questo essere umano riesca a capire quello che c'è scritto nel tuo progetto e devi metterlo nelle condizioni di fare tutto con il minimo sforzo e con la massima chiarezza. Ricorda sempre, ancora una volta, che quello che conta è la tua **credibilità**.

Attenzione! Proprio perché c'è di mezzo un essere umano, una delle cose a cui devi prestare molta attenzione riguarda i dati (di mercato o di altro tipo) che citi nel tuo business plan. Tieni presente che la persona che deve valutare la fattibilità complessiva della tua idea di business conosce i dati di mercato abbastanza bene, poiché il suo lavoro è basato proprio sullo studio e sulla conoscenza dei vari mercati in cui operano le aziende. Come ti ho detto in precedenza, quando scrivi il business plan della tua idea cerca di menzionare dati effettivamente verificabili e che siano, quindi, attendibili e credibili in quanto veri.

Se non citi la fonte (attendibile) da cui hai preso le informazioni per motivare le cose che scrivi, il tuo progetto perde credibilità, poiché chi lo legge è portato a pensare che le informazioni te le sei inventate, che le hai prese da qualche fonte poco attendibile o, nei casi peggiori, che te le ha dette il famoso "amico" di cui ti ho già parlato, quello che sa sempre tutto su qualsiasi argomento ma che, di fatto, non sa mai niente.

È come se io venissi a chiederti i soldi per avviare la mia idea, tu mi chiedessi «In cosa consiste?» e io ti rispondessi «Non ti preoccupare! Mi hanno detto che c'è la possibilità di fare i soldi avviando questo business», o una cosa del genere. *Tu* me li daresti i soldi? Io credo proprio di no. E un potenziale finanziatore o un potenziale partner nemmeno.

Bene, ora vediamo quali sono le caratteristiche che deve avere un business plan per essere vincente e convincente. Affinché il progetto della tua idea imprenditoriale sia credibile deve essere:

1) **Scritto bene**. Questa caratteristica ha a che fare con l'utilizzo della lingua italiana scritta. "Scritto bene", infatti, significa che la lettura deve essere fluida, scorrevole, comprensibile, facile

da capire. Quindi, ove non richiesto in modo necessario, limita l'uso di acronimi, termini in lingua straniera, sigle incomprensibili, frasi lunghe e contorte e terminologia troppo tecnica. Anche se inserisci un glossario, ricorda sempre che chi legge il tuo progetto è un essere umano che detesta le complicazioni e che, di conseguenza, potrebbe non avere il tempo né la voglia di andare a consultare il glossario per capire cosa significano acronimi quali "CPC" oppure "DNS" o roba del genere. Evita di scrivere frasi troppo lunghe e complicate e semplificale con un uso sapiente della punteggiatura. Non usare termini ridondanti, impressionanti o un fraseggio che potrebbe andare bene per l'Accademia della Crusca ma non per un potenziale partner professionale. Quando scrivi qualcosa, fai leggere quello che hai scritto a una persona qualunque tra quelle che hai intorno; un amico, un parente, una mamma oppure un figlio piccolo (non troppo, però) vanno più che bene! Infatti, se fai leggere il tuo progetto a qualcuno che non è esperto del tuo settore e, mentre lo legge, riesce a capire bene cosa vuoi fare, allora è molto probabile che anche il direttore della tua banca, oppure un potenziale partner commerciale o finanziario, avranno la stessa facilità di comprensione del testo. Il che, come conseguenza, implica che chi legge il tuo progetto sarà molto più aperto nei tuoi confronti e nei confronti della tua idea di business;

2) **Veritiero**. Questa caratteristica ha a che fare con tutto quello che ti ho detto finora e, soprattutto, con la credibilità di quello che dici. Se, per esempio, la tua azienda opera nel settore della produzione di camicie da uomo e nel business plan scrivi che *«a partire dal 2017, il mercato della camiceria da uomo ha iniziato a mostrare trend in crescita molto interessanti. Infatti, il tasso medio di crescita annuale del settore segna un +8,3% rispetto all'anno precedente»* o una cosa simile, poi devi citare chi ha divulgato questo dato. In questa fase, la parola d'ordine è **autorevolezza**. Infatti, se il dato è stato diffuso da una Camera di Commercio, dall'ISTAT, dal MiSE, dall'Associazione Nazionale dei Camiciai (non so se esiste), dagli atti del convegno della Banca d'Italia o da qualche altra istituzione rilevante e autorevole, allora, in maniera quasi automatica, la citazione che hai fatto diventa *vera*! *E, quando la tua citazione diventa vera, allora diventa credibile quello che hai scritto.* Quando citi dati di mercato presi da qualche sito in rete, puoi mettere direttamente il link al sito che ha diffuso

l'informazione. Anche in questo caso, vale la regola precedente: il sito deve essere autorevole e, pertanto, credibile. Se, invece, il dato che hai citato è stato estrapolato dagli atti di qualche convegno, da qualche pubblicazione accreditata, da qualche annuario statistico o fonti simili, allora apri una parentesi e scrivi "cfr." e citi la fonte. Questa formula significa *"Confronta: questa è la fonte da cui ho preso il dato"*. Così facendo, se qualcuno ha un dubbio rispetto al dato che hai citato, riportando la fonte (autorevole) da cui lo hai estrapolato, hai la possibilità di dimostrare che non ti stai inventando niente e che è vero che «Il mercato delle camicie da uomo cresce a ritmo del +8,3% all'anno». Questo dimostra il fatto che il tuo business si basa su dati certi, veri, attendibili, verificabili e quindi credibili e non sulle chiacchiere.

3) **Coerente**. Questa caratteristica del business plan rappresenta una nota dolente per tantissimi imprenditori, aspiranti imprenditori e anche per tanti consulenti. Se cerchi online il significato di "coerenza", trovi scritto: "Che non presenta contraddizioni". Ciò significa che il progetto della tua idea imprenditoriale non deve presentare contraddizioni tra la parte descrittiva e la parte tecnica. Questo aspetto lo approfondirò nel

prossimo paragrafo. Per il momento, tieni a mente che la parte descrittiva è quella in cui racconti la tua idea di business mentre la parte tecnica è quella in cui traduci in numeri quello che hai raccontato nella parte descrittiva. Se, per esempio, nella parte descrittiva hai affermato che «*il mercato delle camicie da uomo cresce a ritmo del +8,3% all'anno*» e che, di conseguenza, hai previsto che la tua azienda «*per il prossimo esercizio, potrebbe vendere 100.000 camicie da uomo a un prezzo di 16 euro l'una*», quando traduci questa informazione negli "obiettivi di vendita" del piano economico-finanziario, non puoi scrivere che il fatturato previsto è di 2.200.000 euro perché, se moltiplichi 100.000 camicie per 16 euro l'una, il fatturato di previsione è pari a 1.600.000 euro e non a 2.200.000 euro! Probabilmente quello che hai appena letto ti ha fatto sorridere e, magari, avrai pensato a qualcosa come «Ma chi è che commette questi errori così grossolani?» Ti posso garantire che di errori, all'interno di un business plan, ne ho letti di molto più gravi rispetto a quello che hai appena letto! E che cosa succede quando un direttore di banca, un potenziale partner commerciale o un finanziatore leggono una contraddizione così grande, così evidente? Se hai appena pensato «Prendono il business plan, lo chiudono e poi lo buttano nel cestino della spazzatura», o qualcosa del genere, ci hai preso! Poi, tantissimi imprenditori e aspiranti imprenditori imprecano contro il cielo, contro i suoi abitanti e contro il "governo ladro" se non riescono a ottenere quello di cui hanno bisogno. Di solito, sono quelli a cui respingono le domande di finanziamento. A questo proposito, spesso racconto un episodio che mi è accaduto una quindicina di anni fa mentre leggevo il business plan fatto "in casa" da un aspirante imprenditore. «*Io so' er mejo che ce sta!*» Questa è la risposta che ho letto nella parte del piano di marketing di un business plan in cui veniva chiesto all'imprenditore (ovviamente di Roma) di specificare "*le motivazioni di mercato che sono alla base della presente idea di business*". Se un imprenditore venisse da te a chiederti un finanziamento e ti rispondesse una cosa del genere, *tu* glieli presteresti i tuoi soldi? Se hai appena pensato «Manco morto!» ti comunico che sei in ottima compagnia. Infatti, una banca, la Pubblica Amministrazione, un potenziale socio che vuole fare business insieme a te, un potenziale partner commerciale o chiunque altro penserebbero la stessa cosa che hai pensato tu. E quel «Manco morto!» di solito si traduce nella mancata concessione del finanziamento, se si tratta di soldi, nella mancata concessione di una partnership commerciale, se si tratta di accordi commerciali, e nel rifiuto a entrare in società se si tratta di un potenziale socio che vuole fare affari con te. Questo è quello che pensa, generalmente, chi legge certe risposte che vengono date in un business plan. Ora: io capisco l'autostima e la convinzione nei propri mezzi e nelle proprie idee, per carità! Ma quando qualcuno chiede di "illustrare le motivazioni di mercato che sono alla base della presente idea di business", sta chiedendo i dati di mercato a sostegno di quell'idea e non gliene frega niente dell'autostima! Vuole solo capire "perché" un imprenditore pensa che la sua idea possa avere successo. E vuole sapere quali sono le esigenze del mercato che giustificano gli investimenti e un altro po' di cose. E, soprattutto: *vuole capire se le previsioni di fatturato e dei margini di profitto sono state elaborate sulla base di dati veri e, quindi, credibili, oppure se sono state elaborate sulla base della fantasia e della speranza.* Comunque, lasciamo perdere e proseguiamo con le caratteristiche che deve avere un business plan.

4) **Obiettivo**, cioè *"aderente ai dati di fatto"*. Questa è la definizione che trovi nel vocabolario online. Come vedi,

"aderente ai dati di fatto" significa che c'è poco spazio per le ipotesi fantasiose e per le teorie elaborate sulle speranze o su altre strane congetture. I *dati di fatto* sono esattamente quello di cui ti ho parlato nelle pagine precedenti: sono i dati che citi e che sono considerati **veri** poiché provenienti da fonti autorevoli, certe e verificabili. Sono i dati considerati attendibili e, quindi, credibili. Sono i dati incontrovertibili. Nell'ultimo business plan che ho presentato alla mia banca per chiedere un finanziamento, ho citato una serie di dati di fatto veri, verificabili e, quindi, credibili. Se sostengo di aver già organizzato una serie di eventi "live" ai quali hanno partecipato centinaia di imprenditori, allora, nella parte del business plan in cui mi viene chiesto di dimostrare *«le esperienze passate nell'ambito del settore di riferimento»* inserisco i link ai vari video che ho postato su YouTube. Così facendo, diventa difficile per chiunque sostenere che *non è vero* che ho fatto gli eventi live: ci sono i video. Se nel business plan scrivo che, da quasi quindici anni, sono partner professionale di Formacamera, l'Azienda Speciale della CCIAA di Roma che eroga corsi di formazione per imprenditori, e scrivo che insieme abbiamo organizzato dei corsi ai quali hanno partecipato quasi cinquecento imprenditori nelle varie edizioni, allora metto il link alla pagina del sito di Formacamera relativa alla nona edizione di uno di questi corsi. (cfr. http://www.formacamera.it/corsi/business-plan-e-contributi-fondo-perduto-come-dove-quando-e-perche/). Hai cliccato sul link? Se non lo hai fatto, fallo ora così puoi verificare di persona se quello che ho appena scritto è vero oppure no. Come hai appena verificato, quello che ho scritto è *"aderente ai dati di fatto, quindi obiettivo e, di conseguenza, credibile"*. Perché, di fatto, è vero che sono partner di Formacamera da circa quindici anni ed è altrettanto vero che, in questi quindici anni, abbiamo organizzato decine e decine di corsi di formazione per gli imprenditori. Ricorda che si tratta di una specie di equazione: *ogni volta che riesci a dimostrare che tutto quello che hai raccontato nel business plan è vero la tua credibilità cresce*. Di conseguenza, crescono le probabilità di convincere questo interlocutore che non stai navigando senza il timoniere e senza una rotta ma che, al contrario, sei un imprenditore serio, affidabile, credibile e con le idee chiare.

5) **Razionale**. Sebbene moltissime scelte che operiamo ogni giorno siano basate su aspetti emotivi e successivamente

giustificate su base razionale, quando decidi di scrivere il business plan della tua idea è preferibile avere un approccio freddo, quasi distaccato e poco emotivo al business e ai numeri. Conosco abbastanza bene lo stato emotivo di un imprenditore quando parla della sua nuova idea di business: euforia generalizzata, eccitazione, qualche sprazzo di pura esaltazione e una gran determinazione. Di frequente, io dico che «*gli imprenditori si innamorano delle loro idee di business, spesso, anche quando sono sbagliate e non funzionano*». Infatti, immagina l'imprenditore con la sua idea di business che gli frulla nella testa dalla mattina alla sera già da un po' di tempo: è normale che la mente inizi a creare quadri ottimistici e fantasiosi, scenari inverosimili e immagini di successo relativi al futuro che sarà. Tutto questo è corretto e anche giusto ma, purtroppo, fa perdere all'imprenditore la lucidità necessaria per raccontare con distacco la sua idea e lo mette nelle condizioni di esaltare solo i suoi *punti di forza* (come è giusto fare) e di omettere la citazione dei *punti di debolezza* (come è sbagliato fare). Praticamente, molto spesso l'imprenditore crede per davvero che la sua idea di business non presenti alcun punto di debolezza ma che sia basata solo su punti di forza. Questo approccio al business non è di per sé errato, anzi! L'imprenditore deve essere convinto di quello che fa e deve credere al 100% alla sua idea, c'è poco da dire. Il fatto è che, nella realtà delle cose, ogni idea di business presenta punti di forza e di debolezza. Non esistono idee di business prive di punti di debolezza. Una banca, un potenziale partner commerciale o un potenziale socio vogliono capire se l'imprenditore ha considerato eventuali punti di debolezza dell'idea e se, soprattutto, ha elaborato qualche strategia per farvi, eventualmente, fronte. Per esempio, un punto di debolezza di un'idea di business potrebbe essere il fatto che, nel settore in cui si è scelto di operare, ci sono molti competitor che offrono un prodotto o servizio simile. Se nel business plan viene proposta una soluzione a questo punto di debolezza sostenendo, per esempio, che «per battere la concorrenza nel settore si è pensato di utilizzare la strategia X, che presenta forti elementi di differenziazione rispetto alle strategie utilizzate dai competitor», allora chi legge il tuo business plan è portato a pensare che sei sì consapevole del tuo punto di debolezza, ma hai anche elaborato una strategia per superarlo oppure per limitarne la portata. Di conseguenza, chi legge il business plan della tua idea imprenditoriale, è portato a pensare che l'hai analizzata da agni angolazione, che non hai inventato favole, che hai considerato tutte le variabili che entrano in gioco e che, nel fare queste analisi, hai assunto un atteggiamento "distaccato", freddo e razionale.

Le caratteristiche che ti ho appena elencato influiscono in maniera determinante sulla tua credibilità e su quella della tua idea di business. In tantissimi casi, infatti, il rispetto di queste caratteristiche fa la differenza tra un'idea imprenditoriale *bella, concreta, realizzabile e finanziabile* e una semplice idea buttata lì, senza senso e con pochi contenuti.

Quando scrivi il tuo progetto rispettando queste caratteristiche e lo "schema logico" del lettore, allora il tuo business plan assolve al suo ruolo principale che è quello di essere **convincente**. Infatti, il tuo progetto deve convincere i tuoi stakeholder che la tua idea è davvero buona, che funziona e che è realizzabile.

9.6. Il Business Plan Vincente®, lo Schema Logico e il "Metodo Barbarisi"

Ho iniziato questa terza parte del libro facendo riferimento allo *Schema Logico* del "Metodo Barbarisi" e scrivendoti che, quando scrivi un business plan seguendo questo schema, le probabilità di convincere il tuo interlocutore e di ottenere quello che ti serve crescono tantissimo.

Ti ho anche detto che non è importante se quello di cui hai bisogno è un finanziamento bancario, un finanziamento pubblico, una partnership commerciale o l'ingresso di un nuovo socio nella compagine sociale. Ciò che conta è che, quando scrivi il progetto della tua idea di business, *devi essere in grado di convincere il tuo interlocutore che la tua idea è valida, che funziona ed è fattibile.* Seguendo lo Schema Logico è come se tu anticipassi alcune domande che potrebbe farti il tuo interlocutore il quale, man mano che trova le risposte all'interno del business plan, si convince sempre di più che la tua idea funziona per davvero.

Prendiamo come esempio i punti di debolezza della tua idea che ho citato qualche pagina indietro: se tu dimentichi di fare la SWOT Analysis completa e ometti di citare qualche punto debole, potrebbe capitare che chi sta leggendo il tuo business plan pensi, tra sé e sé: «*Uhm... questa cosa non mi convince. Questa idea potrebbe avere questo punto di debolezza e non è stato indicato*». È chiaro che un pensiero del genere non gioca mai a tuo favore: infatti, se lo ha pensato il direttore della tua banca, molto probabilmente puoi dire addio tuo finanziamento.

Se, invece, nel business plan scrivi chiaramente che «*la presente idea di business presenta questo punto di debolezza e si è pensato di risolverlo facendo questo e quello*», allora chi legge questa frase capisce che hai passato sotto la lente di ingrandimento ogni aspetto della tua idea al punto da individuare i suoi punti di debolezza prima che lo faccia qualcun altro al posto tuo. Questo denota che non sei un improvvisato ma che, al contrario, sai così bene ciò di cui stai parlando che ne conosci anche i punti di debolezza e li metti sul tavolo al fine di risolverli.

Ma non solo: non ti sei fermato all'individuazione del punto di debolezza, ma sei andato oltre e hai anche ipotizzato una potenziale soluzione nel caso in cui il punto di debolezza dovesse manifestarsi. Così facendo, chi legge il tuo business plan capisce la consapevolezza che hai rispetto alla tua idea e inizia a pensare:

«Ah, vedi? Ha individuato questo punto di debolezza (perciò è onesto e coerente) e ha ipotizzato anche una possibile soluzione per trasformarlo in un punto di forza» o qualcosa di simile.

A questo punto, ti faccio una domanda: *secondo te, tutto questo che tipo di impatto ha sulla tua credibilità e su quella della tua idea di business?* Ha un impatto fortissimo, credimi. Questa è la famosa "differenza che fa la differenza" tra l'ottenere un finanziamento per la tua impresa e il non ottenerlo. È la **differenza che fa la differenza** sulla decisione finale che deve prendere un potenziale partner commerciale prima di decidere se è il caso di firmare un accordo con te oppure no. Ed è la "differenza che fa la differenza" anche nel caso di un potenziale socio che vuole entrare in società con te e deve decidere se gli "conviene" oppure no.

La credibilità è tutto. Non mi stancherò mai di ripeterlo. La credibilità della tua idea di business deve essere costruita proprio seguendo lo Schema Logico di cui ti sto parlando e rispondendo alle domande sulle quali, in modo più o meno diretto, ti costringe a riflettere. Infatti, mi è successo tante volte di fare consulenza a imprenditori che non avevano considerato alcuni aspetti rilevanti delle loro idee di business. Visto che sono abituato ad approcciare un'idea imprenditoriale seguendo proprio lo Schema Logico del mio metodo, ho posto una serie di "domande di rito", quelle che mi fanno capire immediatamente se un imprenditore ha pensato ad aspetti strategici e rilevanti della sua idea oppure no.

Forse ti sembrerà strano e incredibile ma, il più delle volte, ho potuto verificare di persona che tutti questi imprenditori (anche navigati) avevano dimenticato di prendere in considerazione alcuni aspetti fondamentali della loro idea. Mentre scrivo, mi viene in mente la prima domanda che feci a un cliente che voleva mettere in piedi un business basato sull'organizzazione di eventi sportivi all'aperto: *«Da dove arrivano i ricavi di gestione?»*

Gli feci questa domanda perché mi aveva detto che avrebbe *«portato nelle varie location gli atleti di settore più gettonati, conosciuti e richiesti»* e aveva aggiunto che il valore medio di ingaggio di ognuno di questi atleti era di circa 10.000 euro per singolo evento. Visto che mi aveva anche detto che avrebbe fatto partecipare a questi eventi almeno cinque atleti, il calcolo per ingaggiare cinque atleti è stato abbastanza rapido da fare: 50.000

euro a evento. A questi 50.000 euro andavano aggiunti i costi di organizzazione, di promozione, del personale e altri ancora che andavano sostenuti per l'organizzazione e la realizzazione degli eventi.

Ecco perché gli feci subito quella domanda: da dove arrivano i ricavi di gestione? Mi interessava capire in che modo aveva previsto di coprire i costi di gestione, visto che gli eventi si sarebbero svolti all'aperto in luoghi pubblici e che chiunque avrebbe potuto assistere senza pagare un biglietto. La risposta fu disarmante: «**Non ci avevo pensato...**». Eh già, non aveva pensato a un dettaglio del tutto insignificante il quale, guarda caso, è quello che determina la fattibilità economica di un'idea di business.

Di esempi come questo posso citarne decine; è una vita che sto a contatto con gli imprenditori, con le loro imprese e con le loro idee, e di situazioni come questa ne ho viste, sentite e vissute davvero tante. Nel corso del tempo ho potuto verificare che tutti questi casi hanno una cosa in comune: sono quasi sempre determinati dal fatto che, mentre elabora il business plan di un'idea imprenditoriale, chi lo scrive spesso non segue uno schema ben preciso e va per conto suo, senza rispettare le regole. Ecco perché mi sto sforzando di diffondere lo Schema Logico e le tecniche di redazione del business plan seguendo il "Metodo Barbarisi".

Nelle pagine precedenti ti avevo accennato al fatto che ci sono ancora da spendere una marea di soldi dell'"Agenda 2014-2020" per le politiche di sviluppo, ricordi? Bene, vuoi sapere una cosa assolutamente inconcepibile? Una delle cause principali per la quale non vengono utilizzati i Fondi Europei è proprio la mancanza di competenza nella fase di scrittura e realizzazione del business plan.

Come ti ho anticipato nelle pagine precedenti, anche la Pubblica Amministrazione, quando deve valutare una domanda di finanziamento pubblico, vuole sapere un po' di cose e le vuole sapere secondo lo Schema Logico. Ho letto business plan con pochissime informazioni di base, con poche parole per descrivere l'idea, senza informazioni sul mercato, con una scarsa consapevolezza sul potenziale di sviluppo e zero visione a lungo termine. Ne ho letti altri che evidenziavano scarsa adeguatezza della compagine sociale e altri ancora che sono stati presentati senza la parte del piano di marketing, oppure senza il piano economico-finanziario. Sembra assurdo, ma è così: li ho visti con i miei occhi.

Lo Schema Logico da seguire per scrivere un business plan Vincente® secondo il "Metodo Barbarisi" e che sia in grado di convincere anche uno scettico, è il seguente:

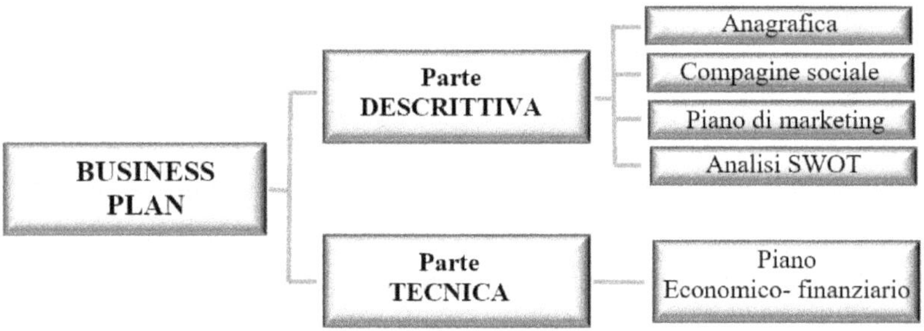

Se ti trovi di fronte a un documento che qualcuno chiama "business plan", e a questo documento manca la "parte descrittiva" oppure la "parte tecnica", sappi che non sei di fronte a un business plan, ma a un'altra cosa. Chiamala come vuoi e come preferisci, ma non chiamarla "business plan", *perché un documento al quale manca una delle due parti non è un "business plan".*

Come ti ho accennato in precedenza, io stesso ho chiesto sette finanziamenti per la mia attività: cinque volte li ho chiesti alla mia banca e due volte li ho chiesti alla Pubblica Amministrazione. Nel capitolo riguardante la mia presentazione ti avevo chiesto quante volte, secondo te, ero riuscito a ottenere quello che ho chiesto e non ti avevo dato la risposta. Adesso, te la posso dare: su sette volte che ho chiesto i finanziamenti li ho ottenuti sette volte.

Ma ora devo farti una domanda: credi che io sia Dio, che abbia qualche "santo in paradiso" o tanta fortuna, oppure consideri l'ipotesi più realistica, ovvero che conosco qualche "piccolo segreto" in grado di far arrivare i soldi alla mia attività? Il "piccolo segreto" di cui sto parlando è quello del quale ti sto scrivendo sin dalle prime pagine di questo libro. È, ancora una volta, il "C-Factor".

9.6.1. La parte descrittiva di un business plan Vincente®

Come suggerisce la parola stessa, "descrittiva" significa che "descrive cose o fatti". Quindi, nella parte descrittiva del tuo business plan, devi proprio descrivere e "raccontare" un po' di cose: immagina di raccontare, per filo e per segno, in cosa consiste la tua idea, come ti è venuta, perché vuoi realizzarla, qual è il mercato a cui ti rivolgi, quali bisogni o desideri appaga, quali mezzi hai a disposizione e quali strategie vuoi utilizzare per renderla concreta.

La parte descrittiva del business plan è contraddistinta da due caratteristiche specifiche che si chiamano **completezza** e **sintesi**. In pratica, significa che devi "raccontare" tutto, ma devi essere sintetico. Quindi, quando scrivi le informazioni nelle varie sezioni dei business plan, non ti perdere in tremila chiacchiere inutili e in mille giri di parole, ma punta dritto al sodo usando, possibilmente, un linguaggio semplice e comprensibile. Spiega tutto, ma fallo in modo sintetico.

Per questo, all'inizio di questo libro, ti ho scritto che serve anche un po' di dimestichezza con l'italiano scritto. Ricorda sempre che, dall'altra parte della scrivania, a leggere il progetto della tua idea imprenditoriale, c'è sempre un essere umano che è allergico alle cose complicate e incomprensibili. Ecco perché non mi stancherò mai di ripetere che il business plan deve essere un documento chiaro, comprensibile e piacevole da leggere. Deve essere in grado di "catturare" l'attenzione di chi lo sta leggendo e, allo stesso tempo, deve coinvolgere il lettore, deve incuriosirlo, interessarlo, entusiasmarlo! Molto spesso, infatti, le domande di finanziamento (sia bancario che pubblico) vengono respinte proprio perché chi legge il business plan non riesce a *capire in cosa consista l'idea di business.*

Il punto di partenza di qualsiasi business plan riguarda l'**anagrafica dell'impresa**: in pratica, in questa sezione occorre scrivere tutte le informazioni che riguardano la ditta, la forma giuridica, l'indirizzo della sede legale e di quella operativa (se le due sedi sono differenti), il famoso Codice ATECO, l'indirizzo di posta elettronica certificata, il nome e il cognome del "proponente" (che di solito è l'imprenditore) e del rappresentante legale (se diverso dall'imprenditore), recapiti telefonici su rete fissa e su rete mobile e tutte quelle informazioni che servono all'interlocutore per individuare e per capire chi è cosa fa l'imprenditore.

Dopo aver completato la parte relativa all'anagrafica, lo "Schema Logico" prosegue con la **compagine sociale**: come ti ho già scritto nelle pagine precedenti, la qualità della compagine sociale riveste un ruolo strategico di primaria importanza nell'ambito della realizzazione di un'idea di business, poiché c'è di mezzo il **rischio d'impresa**. Se infatti la compagine sociale è composta da soci che hanno le competenze giuste per gestire i vari aspetti dell'attività imprenditoriale, allora si dice che la compagine sociale "è forte", poiché le competenze specifiche dei soci abbassano il rischio di fallimento dell'iniziativa.

Questo è quello che ho potuto ricontrare, qualche giorno fa, con una mia cliente che ha aperto una caffetteria "specialty" a Roma: oltre a lei, la compagine sociale è composta da altri due soci (uomini). Lei ha lavorato a Londra ed è specializzata nelle tecniche di tostatura del caffè e nelle pubbliche relazioni; uno dei soci è un barman professionista che ha lavorato in tantissimi locali in giro per il mondo e l'altro socio è specializzato in tecniche di comunicazione e marketing. Come vedi, si tratta di tre soci che hanno tre competenze diverse ma che, considerate nel loro complesso e nell'ambito del business che hanno messo in piedi, sono "funzionali" allo svolgimento dell'attività.

E se invece questa compagine sociale fosse composta da un

ingegnere che è stato il responsabile degli atti amministrativi di un Ministero, da un'ex danzatrice del Teatro dell'Opera di Roma e da un istruttore di immersione subacquea, secondo te avrebbe lo stesso "peso"? Se hai risposto «*No, una compagine del genere non funzionerebbe*» hai dato la risposta giusta, perché anche tu hai capito che questa compagine sociale sarebbe un po' debole rispetto all'idea di business proposta. Il rischio di fallimento, infatti, sarebbe abbastanza alto proprio per la mancanza di competenze specifiche della compagine rispetto al business che si sta realizzando.

Dopo la compagine sociale, lo Schema Logico del mio metodo prosegue con **il piano di marketing**, quello che potremmo definire il "cuore pulsante" di un business plan. Si tratta del tuo piano strategico, ossia l'organizzazione delle mosse che hai in mente per trasformare la tua idea imprenditoriale in qualcosa di operativo, di funzionante.

Il punto di partenza del piano di marketing è rappresentato dalle **ricerche di mercato**, ossia la ricerca delle informazioni che riguardano il mercato in cui operi. Si tratta di informazioni relative ai potenziali clienti e ai concorrenti. Per quanto riguarda *i* *potenziali clienti*, sono coloro ai quali intendi vendere il tuo prodotto/servizio. Conoscere alcune caratteristiche dei tuoi potenziali clienti diventa fondamentale per offrire loro ciò che vogliono.

Per conoscere il tuo cliente-tipo, immagina di doverne disegnare l'identikit al fine di delineare con molta accuratezza il suo profilo. Più è preciso il profilo che riesci a disegnare, più precisa sarà la conoscenza del tuo cliente-tipo. Devi avere tantissime informazioni su di lui e, in teoria, dovresti conoscerne vita, morte e miracoli. Dovresti conoscerne il sesso, l'età, i gusti e le preferenze, Dovresti conoscerne il lavoro, il reddito, il livello di istruzione, la posizione sociale e il numero dei componenti della sua famiglia. Dovresti sapere dove abita, che abitudini di acquisto ha e che posti frequenta. Dovresti conoscerne lo stile di vita e anche i suoi orientamenti sessuali.

Praticamente, il tuo cliente-tipo, per te non deve avere segreti; lo devi conoscere a fondo e, per te, deve essere un libro aperto. Più informazioni hai su di lui, più è preciso l'identikit che ne tracci e più preciso sarà il colpo che puoi sparare. Di conseguenza, saranno più alte le probabilità di colpirlo e di *dargli esattamente quello che ha detto di volere*. Il segreto da capire, e da carpire, è proprio questo: quando hai tutte queste informazioni sul tuo cliente-tipo, allora puoi offrirgli un prodotto o un servizio che è all'altezza delle sue aspettative e dei suoi desideri, un prodotto (o un servizio) fatto "su misura" per lui.

Questo processo prende il nome di **target marketing** o **segmentazione del mercato**, ed è una tecnica molto potente ed efficace perché ti permette di conoscere le caratteristiche principali e più importanti dei tuoi clienti e, soprattutto, ti permette di mettere a punto prodotti e servizi che sono tarati sulle loro specifiche esigenze.

Ogni volta che parlo di target marketing, mi viene in mente una mia cliente che aveva aperto un centro estetico in una delle zone con la più alta concentrazione di persone benestanti della sua città. Per una ben precisa ragione di mercato (la mia cliente era specializzata in una tecnica particolare che "ringiovaniva" le pelli non più giovani), il suo target di clientela principale era rappresentato da donne che avevano un'età compresa tra i 55 e 70 anni, appartenenti alla classe sociale alta, che avevano molta attenzione per il loro aspetto esteriore e che avevano alte possibilità di spesa in trattamenti estetici.

Per essere all'avanguardia tecnologica, per dare un'immagine di sé innovativa e moderna, per offrire alle sue clienti un "servizio in più" e, senza dirmi niente, un giorno questa mia cliente acquistò un macchinario per l'epilazione laser, quello più innovativo e più avanzato dal punto di vista tecnologico. «Sarà il fiore all'occhiello del mio centro!» mi disse dopo averlo acquistato. Costo del macchinario: trentamila euro. Più IVA.

Ovviamente, per presentare e proporre il suo nuovo servizio alla sua vecchia clientela e a quella nuova potenziale, aveva organizzato anche un paio di eventi-cocktail presso la sede del suo centro estetico. Costi per l'organizzazione dei due eventi: seimila euro. Più IVA. Dopo un po' di tempo mi chiamò per chiedermi cosa stesse accadendo dicendomi: «Il macchinario dell'epilazione laser non lavora ed è parcheggiato in una stanza del mio centro estetico da più di sei mesi!»

Io capisco che, per un imprenditore, non avere un "ritorno sull'investimento" sia una delle cose più dolorose che gli possano capitare. Ma capisco anche che un imprenditore dovrebbe tenere presenti alcune caratteristiche del target di mercato che serve, poiché sono proprio queste caratteristiche a definire il successo o l'insuccesso di un prodotto o di un servizio.

La mia cliente, nel fare l'investimento, era talmente presa dalla voglia di acquistare il nuovo macchinario che non aveva tenuto presente proprio la caratteristica principale del suo target: l'età. La maggior parte delle donne che hanno un'età superiore ai cinquantacinque anni, infatti, non ha più quel problema da risolvere che si chiama "peli delle gambe" oppure "peli del corpo". E il target di clientela della mia cliente era rappresentato, per circa il 90%, da donne con un'età superiore ai 55 anni che, di conseguenza, non avevano bisogno di quel servizio. La conclusione è stata che la mia cliente è stata costretta a vendere il macchinario come usato (anche se praticamente era nuovo) a un prezzo di circa 15.000 euro (IVA compresa) e segnando una perdita secca finanziaria di circa 21.000 euro. Questo è il prezzo che ha dovuto pagare per non aver tenuto presenti le caratteristiche del suo mercato.

Dopo avere effettuato le ricerche per individuare le caratteristiche del tuo cliente-tipo, è necessario fare le **ricerche di mercato sui concorrenti**. Si tratta di ricerche che vengono realizzate per sapere chi sono, quanti sono e cosa fanno i tuoi concorrenti. In pratica, come nel caso del cliente-tipo, le ricerche di mercato sui concorrenti ti servono per conoscere vita, morte e miracoli di chi sta nel tuo stesso mercato.

Confrontarsi con i concorrenti serve per conoscerne punti di forza e debolezza, ma anche per capire quale tipo di strategia puoi impostare per "differenziarti" rispetto a loro. «*Se conosci il tuo nemico e te stesso, la vittoria è sicura*», affermava Sun Tzu nel suo famosissimo trattato di strategia militare *L'arte della guerra*.

Questa citazione potrebbe essere applicata con successo nel momento in cui decidi di studiare una strategia di attacco alla concorrenza: per poter contare sulla vittoria, però, e per battere la concorrenza sul suo stesso terreno, devi conoscere per filo e per segno gli aspetti più importanti che caratterizzano l'attività dei tuoi concorrenti principali.

Non è necessario fare l'elenco completo di tutti i tuoi concorrenti ma è sufficiente citare quelli più importanti e quelli direttamente coinvolti nella competizione. Se, per esempio, hai un albergo a cinque stelle in centro a Milano, non c'è bisogno di citare i diretti concorrenti di Roma, di Napoli o della stessa Milano, ma potrebbe essere sufficiente citare i principali concorrenti che sono presenti, per esempio nel raggio di due chilometri rispetto alla sede del tuo albergo. Se, invece, la tua attività ha una portata più ampia rispetto a una dimensione strettamente locale, allora è corretto ampliare l'oggetto della ricerca di mercato anche a livelli extra nazionali.

Se, per esempio, la tua azienda produce macchinari che effettuano il taglio laser di altissima precisione ed esporti questi macchinari anche in altri paesi, allora nel piano di marketing è corretto citare anche i concorrenti stranieri che operano a livello internazionale poiché sono tuoi competitor diretti che operano nel tuo stesso mercato.

Oltre a sapere chi sono, quanti sono e cosa fanno, per ognuno dei concorrenti sarebbe opportuno anche conoscere "come" hanno organizzato la loro attività. In tal senso, quindi, dovresti conoscere la qualità del prodotto o del servizio che vendono, quali strategie di promozione utilizzano, quali sono i canali di distribuzione sui quali si poggiano e tutte le altre informazioni che sono necessarie per avere un quadro di insieme della tua concorrenza.

Quando nel piano di marketing inserisci tutte queste informazioni sulla concorrenza, hai due tipi di benefici: il primo è che tu stesso avrai una percezione più precisa e più corretta dei tuoi concorrenti, di quello che fanno e di come lo fanno e, quindi, potrai usare tutte queste informazioni a tuo vantaggio e pianificare una strategia più precisa ed efficace. Il secondo beneficio riguarda quello che pensa di te chi legge il tuo business plan: ancora una volta, quando nel tuo piano di marketing riporti analisi di mercato veritiere e corrette, con informazioni vere, attendibili e precise, chi legge il tuo progetto non pensa che tu sia un "imprenditore allo sbaraglio" che fa le cose tanto per farle e che non sa in che acque sta andando a navigare ma, al contrario, pensa che tu abbia analizzato tutto nel minimo dettaglio e che sia consapevole di quello che stai per fare.

In tal modo, ancora una volta, la tua credibilità cresce e, con essa, crescono anche le probabilità di vedere approvato il tuo progetto e di ottenere ciò di cui hai bisogno. Una delle domande che mi viene posta più frequentemente è: «Quanto deve essere approfondita una ricerca di mercato su clienti e concorrenti?» Anche in questo caso, la risposta più corretta è: «Dipende». Non è necessaria una ricerca di mercato "lunga" dieci pagine; ne bastano molte di meno, purché siano chiare, comprensibili ed esaurienti e diano le informazioni necessarie a "inquadrare" il business e a capirne il potenziale di sviluppo.

Ricorda, nel business plan le parole-chiave sono *sintesi* e *completezza*! Per quanto riguarda la domanda «Chi fa le ricerche di mercato?» la risposta è multipla: a parte le società di marketing che fanno proprio ricerche di mercato che possono essere anche precisissime, da qualche anno ci sono anche i social network i quali, per chi ne sa sfruttare il potenziale, sono delle vere e proprie miniere di informazioni molto precise.

Un'altra fonte di informazioni è, ovviamente, internet: basta avere un po' di dimestichezza con le ricerche e con le "parole chiave" per trovare una quantità di informazioni davvero interessante. In questo caso, ricorda sempre la regola di cui ti ho parlato nelle pagine precedenti: le informazioni devono provenire da fonti attendibili, verificabili, vere e credibili. Quindi, se le prendi da un sito web, questo deve essere un sito attendibile.

Altre fonti di informazioni precise e attendibili sono le Camere di Commercio, Enti pubblici e atti dei convegni. Anche l'ISTAT (Istituto Centrale di Statistica), oppure associazioni di Piccole e medie imprese, associazioni di categoria e simili rappresentano delle fonti di informazioni davvero interessanti.

Considera una cosa molto importante: il livello di profondità, di esattezza e di accuratezza delle ricerche di mercato dipende da una serie di fattori "esterni" al progetto: in linea di massima, tieni presente che il livello di precisione e accuratezza di una ricerca di mercato dipende da una serie di fattori, tra cui l'ammontare degli investimenti e l'interlocutore che hai di fronte. Solitamente, infatti, quando si parla di progetti di bassa entità (poche decine di migliaia di euro di investimenti), allora è possibile effettuare ricerche più semplici e meno approfondite ma che devono essere, comunque, vere e credibili.

Oltre alle ricerche di mercato, il tuo piano di marketing deve "raccontare" anche in cosa consiste il tuo prodotto o servizio e, soprattutto, deve descrivere anche il modo con cui hai deciso di portarlo e distribuirlo sul mercato. In questo caso, il piano di marketing deve riportare proprio *le strategie che hai elaborato* per portare il tuo prodotto ai clienti e deve anche descrivere quali sono *i mezzi di comunicazione* che hai scelto di usare per promuovere il tuo prodotto o servizio.

Anche in questo caso, tieni presente una cosa fondamentale: le strategie che hai a disposizione per promuovere il tuo prodotto o servizio risentono in modo determinante del target di mercato al quale rivolgi la tua offerta. Se, per esempio, hai scelto di promuovere il tuo prodotto o servizio tramite le cosiddette "pubblicità sponsorizzate" sui social network, devi conoscere il target di mercato al quale ti riferisci poiché, in base al parametro "età", cambia il tipo di pubblico che frequenta un determinato social network e, di conseguenza, cambiano le modalità di comunicazione.

Se sbagli il canale di comunicazione, rischi di compromettere tutta la strategia che hai messo in piedi per portare il tuo prodotto al mercato e, quindi, rischi di fare un buco nell'acqua. Come ti ho anticipato nelle pagine precedenti, *qui entrano in gioco i mezzi a disposizione*: se hai deciso di lanciare il tuo prodotto o servizio tramite una campagna promozionale sulle reti RAI e Mediaset, allora devi pianificare un budget pubblicitario di qualche milione di euro.

Se non hai qualche milione di euro da investire nel piano di promozione, è inutile perdere tempo con progetti irrealizzabili, ma occorre studiare subito una strategia alternativa, possibilmente a portata delle tue tasche in relazione ai tuoi obiettivi.

Il piano di marketing da inserire nel business plan della tua idea prosegue con l'**analisi SWOT**, ossia *l'analisi dei punti di forza e di debolezza della tua attività* a cui associare l'analisi delle opportunità e delle minacce presenti nel mercato. La SWOT Analysis si presenta, di solito, così:

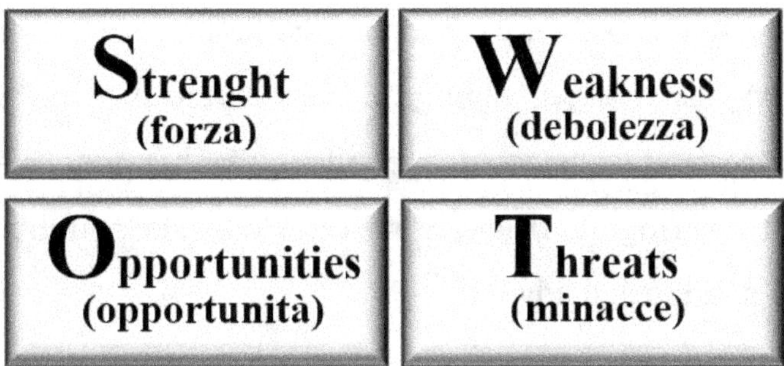

Come vedi, in questa parte del piano di marketing ti viene chiesto di descrivere quali sono i punti di forza (**S**) e di debolezza (**W**) dell'idea di business che stai proponendo. Ma non solo: ti viene anche chiesto di dare informazioni anche sulle "opportunità" (**O**) offerte dal mercato in cui vuoi operare (o nel quale già operi) e sulle "minacce" (**T**) che provengono da questo mercato.

Inserire l'analisi SWOT nel piano di marketing del tuo business plan è di importanza fondamentale; infatti, ogni idea di business presenta sia punti di forza sia di debolezza, così come qualsiasi mercato offre alle imprese delle opportunità da sfruttare oppure minacce dalle quali doversi difendere.

Questa è una parte del piano di marketing che ti costringe a riflettere sugli aspetti fondamentali della tua idea di business perché, da una parte, ti obbliga a considerare ciò che potrebbe determinare il tuo successo e quello della tua idea, dall'altra, invece, ti costringe a riflettere su tutto ciò che potrebbe creare difficoltà alla tua azienda.

È per questo che l'analisi SWOT è così importante: quando conosci un punto di debolezza della tua idea, allora puoi ideare qualche strategia per risolverlo. Se per esempio sei consapevole del fatto che un punto di debolezza del tuo business è la *formazione del personale* (perché, magari, nel tuo settore ci sono solo lavoratori poco qualificati, poco formati o cose simili), allora nella matrice SWOT puoi indicare che questo è un punto di debolezza ma puoi anche aggiungere che hai trovato la soluzione poiché hai «*previsto dei percorsi di formazione specifica che hanno l'obiettivo di portare le risorse umane a un livello di preparazione tecnica molto più avanzata rispetto al livello iniziale*».

Se la presenza di un potenziale competitor all'interno del tuo settore potrebbe rappresentare una minaccia proveniente dal mercato, allora l'analisi SWOT ti permette di fermarti e di pensare alle strategie che puoi utilizzare per batterlo sul nascere. Come avrai certamente capito, questo tipo di analisi va a completare il piano di marketing proprio perché ti mette nelle condizioni di analizzare la tua iniziativa dall'esterno, quasi come se fossi in una posizione di distacco, e di osservare "quello che va e quello che non va" al fine di elaborare le strategie più opportune per entrare o continuare a stare sul mercato.

Come ti ho detto nelle pagine precedenti, non commettere lo stesso **errore clamoroso** che commettono tantissimi imprenditori e aspiranti imprenditori: fare finta che la tua idea di business non abbia punti di debolezza oppure che non sia soggetta a minacce da parte del mercato. Ricorda che anche la tua idea di business subisce le minacce del mercato e paga la presenza di punti di debolezza.

9.6.2. La *parte tecnica* di un Business Plan Vincente®

Come ti ho anticipato nelle pagine precedenti, la parte tecnica di un Business Vincente® è quella in cui devi tradurre in numeri tutto quello che hai raccontato nella parte descrittiva. Questa sezione del business plan è quella chiamata a dimostrare la fattibilità economico-finanziaria della tua idea di business ed è, pertanto, la parte più "delicata" del processo di redazione del business plan.

Infatti, la parte tecnica del business plan si concretizza tramite la costruzione del **bilancio di previsione** il quale non è altro che un bilancio costruito sulla base dei dati che hai citato nella parte descrittiva. Ed ecco svelato perché, nel tuo business plan, devi citare e riportare solo dati veri, verificabili e credibili! Ed ecco perché chi legge il tuo business plan dà tutta questa importanza alle fonti da cui hai ottenuto i dati.

C'è una sorta di "prosecuzione logica" tra la parte descrittiva e quella tecnica poiché, se i dati che hai citato sono sbagliati o te li sei inventati, saranno sbagliate anche le previsioni di bilancio che farai nella parte tecnica del business plan e, di conseguenza, la tua idea di business potrebbe "non stare in piedi" e rivelarsi un buco nell'acqua. Quando scrivi la parte tecnica del business plan della tua idea imprenditoriale, la parola d'odine è **prudenza**.

La prudenza è uno dei principi-cardine a cui sono ispirati i principi contabili per la redazione del bilancio di esercizio ed è quel principio secondo cui «*Il bilancio deve essere redatto con chiarezza e deve rappresentare in modo veritiero e corretto la situazione patrimoniale e finanziaria della società e il risultato economico dell'esercizio*» (art. 2423, comma 1, Cod. Civ.).

Attenzione! Sebbene si tratti di un "bilancio di previsione" (e quindi, come tale, basato su stime e congetture che "*sono soggette a errore*"), che non deve essere depositato e la cui redazione non è prevista come obbligo di legge (e, come tale, non è quindi perseguibile), il principio della prudenza è quello a cui si dovrebbe uniformare la redazione del piano economico-finanziario di un business plan fatto a regola d'arte.

Infatti, alla stessa stregua di quanto affermato dall'art. 2423 del Codice Civile, anche il bilancio di previsione dovrebbe fornire una sorta di "*rappresentazione veritiera e corretta della situazione patrimoniale, finanziaria ed economica dell'azienda*" poiché sul piano economico-finanziario devi costruirci il tuo futuro e quello della tua azienda.

Ricorda sempre che gli stakeholder vogliono informazioni sugli sviluppi futuri del tuo business e che, pertanto, vogliono sapere quali sono i tuoi piani per il futuro, che rotta hai dato alla tua barca e, soprattutto, in quale porto la stai portando.

Immagina una banca: hai chiesto un prestito perché devi acquistare i nuovi macchinari che ti permetteranno di migliorare la resa delle tue materie prime del 30% e quella ti chiede di portare il business plan per capirci qualcosa di più. Vuole capire in cosa consista la tua idea imprenditoriale; vuole capire quali sono le motivazioni (vere) di mercato che ti hanno spinto a voler realizzare la tua idea, vuole capire se il business sarà redditizio e vuole sapere un altro po' di cose.

Si tratta di informazioni che la banca vuole sapere e che sono tutte rivolte al futuro; la banca, infatti, prima di darti i soldi, deve capire se la tua idea "sta in piedi", se è "fattibile" oppure no. Quindi deve valutare proprio lo sviluppo futuro della tua idea, deve immaginare come si svilupperà la tua attività nel futuro e cercare di capire se, prestandoti i suoi soldi, farà un affare oppure rischia di rimetterci.

Prima che inizi a pensare che stia facendo uno spot pro-sistema bancario, ti invito a riflettere su una semplice cosa: se vai da un qualsiasi *private investor* (quale potrebbe essere un business angel, un business partner o figure simili) a chiedere una spinta per far volare la tua impresa, la prima cosa che ti chiederà, anche lui, è proprio il business plan. Anche un investitore privato vuole capire chi sei, cosa fai e cosa vuoi fare. Inoltre, vuole capire se l'idea può stare in piedi nel futuro e se vale la pena di darti fiducia oppure no. E, a maggior ragione, vuole capire se è il caso di darti i soldi che hai chiesto oppure se è meglio non darteli.

La stessa cosa, in forma leggermente diversa, accade con la Pubblica Amministrazione quando deve decidere se concederti un finanziamento pubblico oppure no. Se organizzi una raccolta fondi per finanziare la tua idea usando il sistema del crowdfunding, anche i potenziali investitori vorranno sapere in cosa consiste la tua idea, come l'hai organizzata e in che direzione andrà. E prenderanno una decisione proprio sulla base di quello che leggeranno nel tuo business plan. *Più sarai credibile e più alte saranno le probabilità di ottenere quello di cui hai bisogno.*

E voglio dirti un'altra cosa importantissima: la maggior parte dell'attenzione sarà dedicata ai numeri. Lo so che i numeri, per moltissime persone, rappresentano un ostacolo, una seccatura e una noia da evitare a tutti i costi. Però so anche un'altra cosa, che dovrebbe interessarti e che dovresti tenere presente più di qualsiasi altra: agli stakeholder interessano, prevalentemente, proprio i numeri del tuo business, più delle chiacchiere! Perché una banca che ti presta 500.000 euro *"al tasso del 2,5% più Spread"* vuole capire una cosa, su tutte: se sarai in grado di restituire i soldi che ti ha prestato, più gli interessi.

Anche un investitore privato orientato al business (escludo, quindi, e per ovvi motivi, coloro che fanno beneficienza o attività simili) vuole sapere se sarai in grado di restituirgli i soldi che ti ha dato, più gli interessi. Allo stesso modo ragiona anche la Pubblica Amministrazione quando concede i finanziamenti a tasso agevolato: prima di aprire i rubinetti e di concederti un finanziamento pubblico, anche la PA vuole capire se avrai la possibilità di restituire i soldi (pubblici) che ti saranno (eventualmente) erogati.

Quello che voglio dirti è che chiunque, prima di concederti un finanziamento o di fare business insieme a te, vuole capire che fine faranno i suoi soldi e se sono in buone mani. E, sono sincero, condivido completamente questo tipo di impostazione.

«Complimenti dottor Barbarisi! Il business plan che ci ha portato è esattamente come dovrebbe essere fatto un piano di business. A noi piacciono molto i clienti che hanno le idee chiare e presentano progetti e programmi di ampio respiro». Così mi ha detto la direttrice della mia banca, mentre stava firmando la delibera di erogazione dell'ultimo finanziamento che ho chiesto qualche giorno fa, mentre stavo scrivendo questo libro.

Non sto scrivendo queste cose per vantarmi o per farmi bello agli occhi di chi, come te, sta leggendo queste pagine: le scrivo perché sono consapevole del fatto che, per aumentare in modo considerevole le probabilità di ottenere quello di cui hai bisogno, è assolutamente necessario seguire lo schema logico del metodo che io stesso ho applicato centinaia di volte con successo.

Quello che conta quando scrivi il piano economico-finanziario della tua idea è la tua affidabilità e l'affidabilità delle previsioni che hai effettuato. Grazie a queste previsioni sarà possibile ottenere una rappresentazione più o meno veritiera della fattibilità economica e finanziaria della tua idea di business. E, quanto più la rappresentazione di quello che affermi sarà veritiera e corretta, tanto più alte saranno le probabilità che avrai di ottenere quello di cui hai bisogno. Ricorda che siamo nel campo della valutazione e che, di conseguenza, *quello che scrivi nella parte tecnica del business plan viene valutato da persone che sono abituate a valutare le idee di business* e queste valutazioni vengono effettuate proprio sulla base dello "Schema Logico" di cui ti sto parlando.

Se nel tuo business plan hai fatto qualche previsione basata su dati inattendibili, non realistici o addirittura inventati, chi deve valutare la tua idea di business se ne accorge immediatamente. Se sei un imprenditore che, negli ultimi cinque anni, ha sempre fatturato una media di cinque milioni di euro all'anno, nel conto economico di previsione non puoi scrivere che «*grazie alla realizzazione di questa idea abbiamo previsto di portare il fatturato a dieci milioni di euro in un anno*» o una cosa del genere. Non puoi scriverlo perché, ancorché probabile, è poco credibile raddoppiare il fatturato nel giro di un solo anno. Non sono io a decidere se quello che scrivi è credibile oppure no: sono le persone che leggeranno il tuo progetto a decidere se il raddoppio di fatturato è da considerarsi attendibile oppure no.

Infatti, ancora una volta, tutto gira intorno alla credibilità. Questo non significa che, se fino allo scorso anno hai fatturato cinque milioni, allora è impossibile che con questa nuova idea di business tu possa fatturarne dieci, a partire da quest'anno. Significa solo che chi legge il tuo business plan potrebbe avanzare qualche dubbio circa l'effettiva possibilità di realizzare quell'obiettivo di fatturato, proprio perché si tratta di raddoppiare il fatturato nel giro di un solo anno.

Se il tuo conto economico evidenzia che nell'ultimo esercizio c'è stata una perdita di 300.000 euro, nel piano economico-finanziario non puoi scrivere che il prossimo anno avrai un utile netto (pagate le imposte) di un milione. Perché, ancorché possibile, una previsione del genere è poco credibile agli occhi di chi legge il tuo business plan. Non voglio negare l'esistenza dei miracoli, per carità! Nel corso degli ultimi vent'anni io stesso ho assistito a qualche "miracolo" in diretta. Quello che voglio dirti è che, dall'altra parte, chi legge il tuo business di solito è abbastanza scettico, crede poco ai miracoli e molto alla credibilità di certe informazioni e di certe previsioni. Tutto qui.

Per restare in tema di miracoli, te ne voglio raccontare uno che ho visto in diretta e che ho contribuito a realizzare: quello di un mio cliente che, nel breve giro di diciotto mesi, ha quasi quadruplicato il fatturato della sua impresa grazie a un'idea di business tanto semplice quanto redditizia.

Questo cliente è il titolare della classica "impresa familiare" italiana e commercia metalli quali ferro, acciaio, ghisa, rame, alluminio, piombo e simili da quasi cento anni. Il fatturato medio di questa azienda è sempre stato intorno al miliardo di lire (fin quando c'era la lira), che, dopo l'avvento dell'euro, si è trasformato in poco più di mezzo milione di euro. L'attività di questa azienda era abbastanza semplice poiché era organizzata su tre fasi principali. La prima consisteva nell'andare con un camion presso la sede di chi doveva smaltire i metalli, caricare i metalli sul camion e poi tornare in azienda. La seconda consisteva nello stoccaggio dei vari tipi di metalli in appositi contenitori divisi per tipologia di metallo. La terza, infine, consisteva nel caricare i metalli sul camion per portarli presso le fonderie e presso altri utilizzatori che li pagavano a un prezzo lievemente superiore rispetto a quello che era stato pagato per acquistarli.

In pratica, l'attività di questa azienda consisteva nell'acquistare questi metalli da una parte per poi rivenderli dall'altra, a un prezzo maggiore. Facendo un'analisi dell'azienda, era emerso che uno dei punti di debolezza di questa attività era proprio l'organizzazione del "giro" di raccolta e successivo scarico dei metalli: infatti, tutte le varie operazioni di carico, scarico, stoccaggio e vendita dei metalli avvenivano con un solo camion di dimensioni ridotte e anche datato. Per completare il giro quotidiano, spesso il guidatore del camion era costretto ad aspettare il corretto svolgimento di tutte le operazioni di carico e scarico perdendo, in tal modo, tantissimo tempo. I "tempi morti" erano talmente tanti che, spesso, era possibile effettuare solamente due "giri" di carico/scarico al giorno, perdendo una marea di opportunità per fare fatturato.

Che idea ebbe il mio cliente? Gli venne in mente di acquistare un camion "scarrabile" più grande rispetto a quello vecchio e, poi, quattro cassoni da circa venti metri cubi ciascuno. La mattina, quindi, il camion usciva presto e lasciava il primo cassone dal primo fornitore, poi rientrava alla base per montare il secondo cassone da portare al secondo fornitore mentre il primo stava caricando i metalli. Quindi il camion rientrava alla base per montare il terzo cassone da lasciare al terzo fornitore e così via fino al quarto.

In pratica, mentre il mio cliente portava i cassoni dal fornitore successivo, quello precedente provvedeva a riempire il cassone di materiali ferrosi e non ferrosi. Il ciclo si concludeva quando il mio cliente passava a ritirare i cassoni, partendo dal primo che era stato consegnato e finendo con l'ultimo. Mentre il camion girava per andare a ritirare il cassone di turno, in azienda c'erano gli addetti che scaricavano il cassone precedente che era stato lasciato in sede per le operazioni di scarico e di stoccaggio.

Per realizzare questa semplicissima ed efficacissima idea di business ci sono voluti circa 250.000 euro indispensabili per la copertura finanziaria degli investimenti e per le opere di adeguamento del magazzino materie. La maggior parte dei soldi necessari per realizzare questa idea di business fu reperita partecipando a un bando pubblico del Comune di Roma che finanziava «*fino a 200.000 euro a fondo perduto*» e il resto ce lo ha messo l'imprenditore di tasca sua, nel pieno rispetto della regola del 70/30.

Un anno e mezzo dopo aver completato gli investimenti questo mio cliente ha abbattuto il muro dei due milioni di euro di fatturato e, per festeggiare l'obiettivo raggiunto, ha deciso di trasformare in realtà un sogno che aveva sin da quando era poco più che un ragazzo: ha acquistato una bellissima Ferrari Testarossa.

Il piano economico-finanziario: il piano degli investimenti da realizzare

Il punto di partenza per scrivere un piano economico-finanziario efficace è sempre quello che io, con un po' di confidenza, chiamo **"elenco della spesa"**. Con questo termine mi riferisco alla lista completa degli investimenti che devono essere acquistati per realizzare l'idea di business. Mi riferisco, nello specifico, all'elenco completo delle cosiddette **immobilizzazioni**, le quali rappresentano la "struttura" dell'azienda. Ti ho citato gli investimenti in "immobilizzazioni" poiché la maggior parte dei bandi pubblici di finanziamento alle imprese e la maggior parte delle banche finanziano proprio gli investimenti in immobilizzazioni e non anche il capitale circolante o il magazzino.

Quando hai a che fare con le immobilizzazioni, ricorda di fare il calcolo degli "ammortamenti" per ciascuno dei beni che hai inserito nel "piano degli investimenti". Dopo aver fatto questo calcolo, riporta tutti i valori in una voce unica che si chiama proprio "Ammortamenti": questo è il valore che dovrai inserire nel conto economico di previsione.

Attenzione! Quando scrivi l'elenco degli investimenti che devi realizzare, emerge l'importanza dei *preventivi dei fornitori* di cui ti ho scritto nelle pagine precedenti. Infatti, che si tratti di un finanziamento bancario, di un Fondo europeo, di un investitore privato o di un potenziale socio, ognuno di essi vorrà sapere *a quanto ammontano gli investimenti a programma* che devi realizzare. Vogliono sapere tutto quello che ti serve per realizzare la tua idea di business e vogliono sapere quanti soldi ci vogliono per acquistare tutto. Quindi, se nel business plan affermi di «*aver bisogno di 1.450.000 euro per avviare il programma degli investimenti»*, allora devi avere un preventivo per ognuno degli investimenti che devi acquistare e la somma di tutti i preventivi deve dare esattamente 1.450.000 euro. Non uno di più, non uno di meno. La *ratio* di questa previsione è abbastanza semplice da capire: se tu presenti il progetto della tua idea di business e affermi che, per realizzarla, hai bisogno di impianti, macchinari, attrezzature, capannoni, ristrutturazioni edili e altro, per un totale di 1.450.000 euro, chi ti concede il finanziamento te lo concede proprio a fronte del progetto che hai presentato e dei preventivi di spesa che hai portato.

Il piano economico-finanziario: il piano degli obiettivi di vendita
Benvenuto nel cuore del piano economico-finanziario e nel cuore della fattibilità della tua idea di business. Il **"piano degli obiettivi di vendita"**, infatti, è la "traduzione" di quello che hai scritto nel piano di marketing quando hai parlato del mercato, delle sue dimensioni, del potenziale di sviluppo che ne consegue e del business che puoi sviluppare.

Gli *obiettivi di vendita* sono le previsioni di tutto ciò che hai stimato di poter vendere sul tuo mercato, sono i famosi "ricavi" che pensi di poter conseguire grazie alla tua nuova idea di business. Quando scrivi gli obiettivi di vendita, puoi costruire una tabella all'interno della quale inserire la tipologia di prodotto (o servizio) che produci (o eroghi) e la quantità annua che hai previsto di vendere. Poi devi inserire una colonna con il prezzo di vendita e, infine, moltiplicare il prezzo di vendita per le quantità per ottenere l'ammontare complessivo dei ricavi totali che potrai conseguire. Ovviamente, quando scrivi il business plan, lo stesso schema devi applicarlo per ognuno degli anni di previsione che hai considerato (di solito, tre).

Come avrai sicuramente capito, ci troviamo nel territorio della **"fattibilità economica"** della tua idea imprenditoriale poiché il conto economico di previsione si costruisce proprio partendo dalle "previsioni delle vendite" ossia quello che hai previsto di vendere sul tuo mercato.

Attenzione! Questa è la parte del business plan più soggetta a operazioni di fantasia e di immaginazione perché, nel momento in cui sono chiamati a definire le vendite previste, moltissimi imprenditori e aspiranti imprenditori iniziano letteralmente a "dare i numeri". Hai presente quel tizio che nel piano di marketing scrisse che avrebbe avuto successo perché «Io so' er mejo che ce sta»? Ecco, si tratta del tipico esempio di imprenditore che basa le sue previsioni di vendita sull'immaginazione e sulla speranza piuttosto che su dati veri, attendibili e, quindi, credibili. Ancora una volta, come vedi, la **credibilità** è protagonista assoluta!

Quando costruisci previsioni delle vendite basate sul principio di prudenza, allora il lettore si troverà di fronte a numeri attendibili, "possibili" e, quindi, "credibili". Di conseguenza l'idea di business inizia a prendere le sembianze di un'idea "fattibile" dal punto di vista economico e *aumentano le probabilità che questa idea venga finanziata*. Quando, invece, un imprenditore fa previsioni delle vendite che, all'occhio di qualunque essere dotato di buon senso, non hanno capo né coda, allora queste previsioni vengono ritenute poco plausibili, poco attendibili e, quindi, poco credibili.

Quando un imprenditore ipotizza il raddoppio del fatturato da un anno all'altro, oppure ipotizza di "sbancare il mercato" appena vi entra, rende la sua idea poco credibile agli occhi di un direttore di banca, di un potenziale socio o di un potenziale partner commerciale. E, quindi, la sua idea di business perde di credibilità.

Come ti ho detto nelle pagine precedenti, questo non significa che le previsioni scritte nel piano economico-finanziario debbano essere per forza sballate, inventate o altro. Significa solo che, dall'altra parte, c'è qualcuno che osserva e interpreta certi numeri con un po' di sospetto e un po' di scetticismo e che, per questo, è poco disposto a credere ai miracoli.

Certi numeri fantasmagorici sono una delle cause principali per colpa delle quali vengono rifiutati i finanziamenti a idee di business altrimenti valide. Proprio per questo, talvolta, è preferibile effettuare previsioni al ribasso, quasi al limite del pessimismo, piuttosto che sparare numeri roboanti a caso. Sembra assurdo, lo capisco. Però, è così.

Il piano economico-finanziario: il piano delle risorse umane

Dopo aver definito gli obiettivi di vendita per il periodo di riferimento (di solito, tre anni), è necessario predisporre il "**piano delle risorse umane**". Si tratta, molto semplicemente, di indicare il numero di impiegati, operai, collaboratori, tecnici, dirigenti e altri che sono coinvolti nell'idea di business e indicarne il rispettivo costo complessivo annuale. Anche in questo caso, l'uso di una tabella può rivelarsi prezioso.

Attenzione! In questa tabella vanno inseriti i valori dei compensi per il lavoro che sono previsti dal Contratto Collettivo Nazionale di Lavoro (CCNL) della categoria a cui appartiene il lavoratore e non dei valori messi a caso. In caso di collaborazioni "a Partita IVA", invece, è possibile inserire il valore del compenso che pensi di corrispondere al collaboratore sulla base dei vostri accordi. Ovviamente, se ci sono collaboratori a Partita IVA, è bene allegare al business plan i contratti firmati dalle parti per dare credibilità a quanto affermato.

Attenzione! Quando fai le previsioni relative al costo delle risorse umane da inserire, ricorda di calcolare le mensilità previste dal CCNL. I CCNL, infatti, indicano il numero totale di mensilità che spettano al lavoratore e tu devi inserire proprio il valore indicato dal CCNL.

Il piano economico-finanziario: il piano dei costi per servizi
Dopo avere elaborato il piano delle risorse umane, è necessario

elaborare il *"piano dei costi per servizi"*. Anche in questo caso, puoi elaborare una tabella all'interno della quale sono riassunti i vari costi che devi sostenere per gestire l'attività e per avere a disposizione i beni e i servizi di cui hai bisogno. Si tratta di costi per trasporti, per utenze elettriche, telefoniche e di altro tipo. In questa tabella sono compresi i costi per il commercialista, per l'avvocato (se ipotizzi ti possa servire) e i costi per le consulenze tecniche. Se il locale in cui svolgi la tua attività (che sia un capannone oppure un ufficio) è in affitto, allora in questa tabella devi inserire i canoni di locazione. Allo stesso modo, se hai previsto un piano di provvigioni per le figure commerciali, allora devi inserire anche il costo delle provvigioni che hai previsto di sostenere. Se hai ipotizzato di fare delle inserzioni sponsorizzate sui vari social network per promuovere il tuo prodotto o servizio, devi inserire anche il costo totale presunto delle sponsorizzazioni e via dicendo.

Ovviamente, quelli che ho inserito in questo esempio sono solo alcuni tra i più comuni "costi per servizi" che si trovano in tutte le aziende. Se la tua attività prevede altre tipologie di costi per servizi oppure non comprende alcuni di quelli che ho inserito nella tabella, non fai altro che allungare un po' la tabella, se devi aggiungere, oppure tagliare qualche riga, se devi eliminare.

Il piano economico-finanziario: il conto economico di previsione
Tutti i valori che hai inserito nelle varie tabelle viste in precedenza devono confluire in un unico "**conto economico di previsione**", ossia la previsione di tutti i costi e di tutti i ricavi collegati alla realizzazione della tua idea di business. Solitamente, per questioni di immediatezza nella lettura, il conto economico contiene le previsioni che sono state effettuate sull'orizzonte temporale di riferimento (di solito, tre anni): dato che si tratta di esporre "l'andamento futuro dell'impresa", questa tabella mette a confronto ravvicinato i periodi di riferimento.

Il punto di partenza del conto economico di previsione è proprio la previsione dei ricavi. Successivamente, il conto economico di previsione prosegue con l'elenco di una serie di costi che sono stati chiusi in una serie di macro-categorie e che rientrano nell'ambito dei "*costi della produzione*". In questa sezione confluiscono i costi per l'acquisto delle materie prime, i costi per il personale, i costi per i servizi, gli ammortamenti e gli "oneri diversi di gestione". In pratica, qui vengono riepilogati tutti i costi di gestione che hai previsto di sostenere per mandare avanti la tua iniziativa, compresi i costi della gestione finanziaria (ossia gli interessi che paghi sui prestiti che hai preso oppure i soldi che incassi per i soldi che hai prestato) e della gestione straordinaria. Alla fine, arrivi al *"Risultato prima delle imposte"* e, una volta calcolata l'incidenza dell'imposizione fiscale (cioè le tasse), ottieni il reddito di esercizio.

Il **"reddito di esercizio"** può assumere due forme differenti: un *"utile di esercizio"*, se i ricavi che hai previsto di conseguire sono maggiori dei costi che hai previsto di sostenere, oppure una *"perdita di esercizio"* se i ricavi che hai previsto di conseguire sono minori dei costi che pagherai. A questo punto, in base a quello che emergerà da questi numeri, puoi avere la prima impressione sulla fattibilità economica della tua idea di business.

Ecco perché, nelle pagine precedenti, mi sono raccomandato più volte di riportare dati veri a sostegno di quello che affermi. Se ti metti a "dare i numeri" nella fase di previsione (come fanno in molti, purtroppo), rischi di alterare il quadro generale della situazione economica e, di conseguenza, di perdere il contatto con la realtà. E, nel momento in cui perdi il contatto con la realtà, il rischio che corri è enorme, poiché rischi di buttare soldi in investimenti che non stanno in piedi.

Ti dico questo perché non so nemmeno quante volte ho visto fallire imprenditori e aspiranti imprenditori di fronte a idee di business che "non funzionavano" in modo palese ma che hanno voluto portarle avanti a tutti i costi. Erano innamorati, lo capisco. Ma capisco anche che, se un'idea di business "non gira" dal punto di vista economico e finanziario, vuol dire che *"non funziona"*. Punto. È inutile inventarsi i numeri, fare previsioni sballate o pensare di prendere in giro qualcuno perché, se nel business plan della tua idea ci scrivi numeri che sono inverosimili, e quindi poco credibili, l'unica persona che riesci a prendere in giro si chiama "te stesso" (o "te stessa").

Non ti dico queste cose perché voglio spaventarti, perché sono pessimista oppure perché voglio dissuaderti dal realizzare la tua idea. Al contrario, sono un fortissimo sostenitore della libera intrapresa e lavoro al fianco degli imprenditori per aiutarli a realizzare le loro idee. Ti dico queste cose perché faccio questo lavoro da più di vent'anni e, in tutto questo tempo, ho visto tantissimi imprenditori e aspiranti imprenditori commettere degli *errori clamorosi di sopravvalutazione dell'idea* in fase di previsione delle vendite e di redazione del conto economico di previsione. Tutti questi errori sono stati pagati con il prezzo più alto che si paga, di solito, in queste situazioni: il fallimento.

Un'imprenditrice che conosco (ma che non è mia cliente) e che opera nel settore dell'estetica ha voluto fare a tutti i costi un investimento sovradimensionato rispetto alle sue possibilità di mercato e, soprattutto, a quelle organizzative e finanziarie. Aveva un centro estetico che andava discretamente bene e ha deciso di chiuderlo per fare "il grande salto": ha voluto aprire, a tutti i costi, una specie di centro benessere polifunzionale all'interno del quale poter trovare tutto ciò che ha a che fare con la "bellezza" nelle sue varie forme: dal parrucchiere al chirurgo estetico, dall'estetista al massaggiatore passando attraverso la truccatrice e l'esperto in tatuaggi semipermanenti.

Questa imprenditrice ha investito quasi duecentomila euro in questa idea che, per prendere quota e iniziare a essere redditiva, necessitava di un periodo di avviamento di almeno un anno. Si trattava del tempo minimo tecnico richiesto per iniziare il "ciclo di reintegro finanziario degli investimenti", uno degli aspetti più importanti della finanza d'impresa e della gestione aziendale.

Quando, dopo i primi tre mesi di attività, le cose hanno iniziato ad andare male a causa del peso eccessivo dei costi di gestione (circa venticinquemila euro al mese), questa imprenditrice si è accorta di aver commesso un errore clamoroso: era innamorata della sua idea e ha pensato che, una volta effettuati gli investimenti, tutto sarebbe filato liscio.

Purtroppo, non è andata così. Mi ha chiesto di darle una mano quando ormai era troppo tardi: «*Non so cosa ti hanno scritto nel business plan, ma so per certo cosa non ci hanno scritto*», le dissi durante un colloquio. Mi riferivo ai soldi necessari per la copertura finanziaria della gestione corrente in attesa che gli investimenti iniziassero a dare gli agognati rendimenti. In pratica, chi le aveva scritto il business plan non aveva tenuto presente il fatto che, oltre ai soldi necessari per realizzare gli investimenti, sarebbero serviti almeno ventimila euro al mese per sostenere l'avviamento nei primi dodici mesi. Il che, tradotto, significava che avrebbe avuto bisogno di circa 240.000 euro per gestire l'azienda i primi dodici mesi. Lei stessa non aveva tenuto presente questo aspetto fondamentale poiché era troppo innamorata della sua idea e voleva realizzarla a qualunque costo. Purtroppo, però, ha pagato questo errore con il prezzo più alto che potesse pagare.

Forse, leggendo quello che ti ho appena raccontato a proposito di questa imprenditrice, hai pensato che un errore del genere è un caso isolato, che si verifica raramente. Purtroppo non è così: infatti, ti posso assicurare che quello che ti ho appena raccontato è uno dei casi che si verificano con maggiore frequenza quando un imprenditore si innamora ciecamente della sua idea di business e la vuole realizzare a tutti i costi. E la motivazione principale, per colpa della quale circa il 70% delle nuove imprese chiude entro i primi tre anni di attività, è proprio la mancanza di competenza manageriale dell'imprenditore. Questo dato si chiama "Tasso di mortalità aziendale" e lo diffonde l'ISTAT, non di certo io. E, come tale, è da considerare vero, attendibile e, quindi, credibile.

Il piano economico-finanziario: lo Stato Patrimoniale di previsione

La redazione del piano economico-finanziario prosegue con la redazione dello "Stato Patrimoniale di previsione". In questo caso, ci troviamo di fronte alla previsione degli investimenti che devi realizzare e della relativa **copertura finanziaria**. Che cos'è questa "copertura finanziaria"? A cosa serve?

Come al solito partiamo dall'inizio: stai scrivendo il business plan perché hai avuto un'idea di business. Per realizzare questa idea di business devi fare degli investimenti e, per acquistare questi investimenti, ti servono i soldi, supponiamo un milione di euro. La domanda è la seguente: dove trovi i soldi necessari per acquistare gli investimenti? Dalla risposta a questa semplice domanda dipende la fattibilità finanziaria della tua idea di business, come ti ho accennato in precedenza.

Infatti, quando ci si trova di fronte alla possibilità di effettuare degli investimenti, è necessario pensare al "piano di copertura finanziaria", ossia alle cosiddette "fonti del finanziamento". Molto più semplicemente, si tratta di indicare dove troverai i soldi per effettuare gli investimenti, tenendo sempre presente la "regola del 70/30". Lo stato patrimoniale di previsione è un prospetto a due colonne. Nella colonna di sinistra, detta "colonna del dare" o degli investimenti, sono elencati tutti gli investimenti che devi acquistare per avviare la tua idea di business. Nella colonna di destra, detta "colonna dell'avere", sono elencate le cosiddette *"fonti del finanziamento"* cioè i soldi necessari per realizzare gli investimenti.

L'economia aziendale ci insegna che le fonti del finanziamento possono essere tre:

1) **Capitale proprio (o patrimonio netto)**: sono i soldi che mettono l'imprenditore e i suoi soci di tasca propria. Siamo nel territorio della "regola del 70/30";

2) **Indebitamento di lungo termine**: sono i soldi che l'impresa ha chiesto in prestito a qualcuno e che deve restituire in un periodo superiore ai 12 mesi;

3) **Indebitamento di breve termine**: sono i soldi che l'impresa ha chiesto in prestito a qualcuno e che deve restituire in un periodo compreso nei 12 mesi.

Supponi di dovere fare investimenti per un milione di euro. La prima domanda che ti poni è: dove li trovo tutti questi soldi? La risposta potrebbe essere:

- *Ce li metto tutti di tasca mia*: è l'ipotesi migliore, quella finanziariamente più fattibile ma anche quella che, nella prassi, si realizza con meno frequenza;

- *Un po' ce li metto io e un po' li chiedo in giro*: è l'ipotesi che si verifica con maggiore frequenza poiché le imprese che autofinanziano la loro attività al 100% ci sono, ma sono davvero poche. In questa situazione, per essere credibile e fare buona impressione, occorre rispettare la famosa "regola del 70/30".

Nel momento in cui hai immaginato quali possano essere le tue "fonti del finanziamento", allora hai risposto alla domanda *"dove trovi i soldi necessari per fare gli investimenti?"* Per trovare i soldi, puoi rivolgerti a uno dei vari stakeholder che ruotano intorno a te e alla tua idea di business: puoi andare a chiederli alla tua banca; puoi chiederli alla Pubblica Amministrazione partecipando a un bando pubblico di finanziamento; puoi chiedere a qualche private investor e a qualche business angel; puoi rivolgerti a un potenziale socio oppure puoi rivolgerti anche a un amico o a un parente. Al limite, e se la fortuna gioca la sua parte, va bene anche un biglietto vincente del Superenalotto: sempre di soldi si tratta. Quello che voglio dirti è che *"fonte del finanziamento"* è qualsiasi persona, ente o istituzione che è disposta a prestarti i soldi che ti servono per realizzare la tua idea di business.

Il piano economico-finanziario: l'analisi del bilancio di previsione

Stiamo andando verso la fine del piano economico-finanziario e ci troviamo di fronte alla valutazione della tua idea di business nel suo complesso. Dopo aver letto tutta la parte descrittiva del tuo business plan e dopo aver dato uno sguardo approfondito ai vari "numeri" del piano economico-finanziario, lo stakeholder vuole avere a che fare con alcuni "numeri sintetici" che hanno un ruolo fondamentale: devono dare uno spaccato immediato della situazione generale. Serve una specie di **"pannello di controllo"** in grado di fornire informazioni in modo immediato.

Ecco perché, finita l'elaborazione di tutti i numeri del bilancio di previsione, *è necessario effettuare l'analisi di quei numeri per capire cosa dicono*. Quindi, quando hai finito di elaborare il bilancio di previsione, occorre farne un'analisi a tre livelli:

1) *analisi patrimoniale*;

2) *analisi finanziaria*;

3) *analisi economica.*

Questi tre tipi di analisi si basano su indicatori di performance che possono essere espressi in termini numerici o percentuali e sono di lettura immediata. Si tratta di indicatori che esprimono un giudizio sulla performance patrimoniale, finanziaria ed economica di un'impresa e sono gli indicatori sulla base dei quali una banca, la Pubblica Amministrazione, un potenziale socio o un potenziale partner commerciale decidono se è il caso di credere alla tua idea di business oppure no. Possono essere considerati dei "numeri speciali" poiché servono per dare una risposta sintetica alla "domanda delle domande": *Questa idea di business è fattibile dal punto di vita economico-finanziario oppure no?*

Se gli indicatori "girano", allora la riposta sarà un "sì" e, quindi, l'idea è fattibile dal punto di vista economico e finanziario. Se, al contrario, questi numeri "non girano", allora la risposta sarà un "no" e l'idea di business viene considerata "non fattibile", cioè non si può fare. Queste due risposte diametralmente opposte fanno variare immediatamente l'atteggiamento di uno stakeholder nei confronti dell'impresa: se l'idea è fattibile, infatti, l'interesse nei confronti dell'impresa e dell'idea di business cresce. Se, invece, l'idea di business non è fattibile, oppure mostra dei valori che (per esempio) non soddisfano completamente alcuni standard che lo stakeholder considera importanti, allora «*questa idea non s'ha da fare!*» E, se c'è di mezzo la richiesta di un finanziamento per realizzare l'idea di business, purtroppo questo finanziamento non arriverà a destinazione.

Il giudizio di fattibilità o di non fattibilità di un'idea di business, spesso mette in crisi l'imprenditore, o l'aspirante imprenditore, che prende la notizia come un fatto personale: "*Ma come? Ho avuto l'idea di business del secolo e tu mi stai dicendo che "non funziona"?* Sì, esatto: se un'idea di business "non gira" dal punto di vista economico e finanziario, "non gira" e basta.

Non è possibile inventare qualche artificio per farla "girare" a tutti i costi come ha fatto l'imprenditrice che ha voluto realizzare il suo centro di bellezza polifunzionale nonostante la mancanza di fattibilità finanziaria dell'idea. Spesso, infatti, molti imprenditori (e, ancora di più, gli aspiranti imprenditori) non sono abituati a ragionare in termini economico-finanziari e non sono abituati nemmeno a considerare alcuni aspetti della loro idea che, in qualche modo, la rendono "non fattibile".

Qualche anno fa venne a parlare con me un ingegnere che aveva avuto una bella idea, anche fortemente innovativa, che funzionava benissimo dal punto di vista economico ma non da quello finanziario: in pratica, l'imprenditore avrebbe potuto diventare milionario ma, per avviare la sua iniziativa, avrebbe dovuto versare di tasca sua circa due milioni di euro che, però, non aveva. Provammo a chiedere a un paio di banche che finanziano le aziende start-up ma non ci fu verso: volevano che fosse rispettata la "regola del 70/30" e che, quindi, l'imprenditore versasse i suoi due milioni di euro.

Il mondo è pieno di situazioni come quella che ti ho appena menzionato: ottime idee che "funzionano" benissimo dal punto di vista economico ma non da quello finanziario e che, quindi, non si possono realizzare. Sì, lo so che è "un peccato" e, forse, anche un'ingiustizia. Ma, purtroppo, non sono io a decidere che la fattibilità di un'idea imprenditoriale debba essere valutata dai due punti di vista contemporaneamente...

Il piano economico-finanziario: i grafici

In ossequio al detto secondo cui «*un'immagine vale più di mille parole*», tutti i dati che emergono dall'analisi del bilancio di previsione posso essere rappresentati graficamente per consentire una lettura ancora più immediata e sintetica. Te lo dico subito: i grafici piacciono. E piacciono anche tanto! Non è giusto, non è sbagliato, bello o brutto: è così. Quando corredi il piano economico-finanziario con i grafici dell'analisi, conquisti punti.

Certo, se l'idea non è fattibile, puoi fare tutti i grafici che vuoi e puoi farli come vuoi, ma non saranno sufficienti per farti ottenere quello che ti serve. Tuttavia, se l'idea è fattibile (sia dal punto di vista economico sia da quello finanziario), allora i grafici regalano al tuo business plan quel "qualcosa in più" che viene molto apprezzato da parte di chi legge il tuo progetto e le probabilità di ottenere quello di cui hai bisogno crescono.

Per rappresentare l'andamento dei principali indicatori dell'analisi, spesso si usano gli istogrammi. Ovviamente, a seconda del tipo di informazione che vuoi dare, puoi usare indifferentemente anche le torte o altri tipi di grafici. Quindi, mi raccomando: nella parte dell'analisi economica, finanziaria e patrimoniale, inserisci quanti più grafici possibile per far percepire immediatamente l'andamento dei vari indicatori.

Il piano economico-finanziario: il rendiconto finanziario

Partiamo da un presupposto molto importante: il rendiconto finanziario è stato inserito tra i "documenti obbligatori" del bilancio dal Dlgs n. 139/2015 ed è citato tra i documenti che compongono il bilancio dall'art. 2423 del Codice Civile (stato patrimoniale, conto economico, nota integrativa e, appunto, rendiconto finanziario). Questa è la disciplina prevista per i *"bilanci depositati"* quelli che, a norma dell'art. 2423 Cod. Civ., devono *«rappresentare in modo veritiero e corretto la situazione patrimoniale e finanziaria della società e il risultato economico dell'esercizio»*.

A questo presupposto ne aggiungiamo un altro: la redazione del business plan non è obbligatoria per legge. Non ci sono leggi, articoli del Codice Civile, decreti legislativi o altre previsioni che impongano all'imprenditore la redazione del business plan. Quindi, a differenza del bilancio di esercizio che viene depositato presso la Camera di Commercio e poi inviato telematicamente all'Agenzia delle Entrate, il business plan non ha valore di legge e non deve essere inviato a nessuno. Pertanto, se non lo invii, nessuno ti può punire.

Ciò premesso, mi pare chiaro che inserire il rendiconto finanziario nell'ambito del piano economico-finanziario del business plan non è obbligatorio per legge ma è indubbiamente consigliato. Senza entrare in complicati dettagli tecnici, il rendiconto finanziario è il documento che mette in evidenza i "**flussi di cassa**" dell'azienda, ossia le effettive movimentazioni di denaro che sono avvenute in un certo periodo di tempo o che avverranno in un periodo futuro. Chiaramente, quando stai scrivendo il piano economico-finanziario della tua idea imprenditoriale, queste "movimentazioni di denaro" non sono ancora avvenute, ma sono soltanto "ipotizzate" e "previste" proprio perché stai parlando di un *"qualcosa che sarà"*.

Nonostante ciò, se inserisci anche un bel prospetto delle entrate e delle uscite finanziario-monetarie all'interno del tuo piano economico-finanziario, fai una cosa molto intelligente e anche molto gradita. Infatti, chi legge il tuo business plan e si sofferma sul piano economico-finanziario potrebbe essere interessato a capire se l'attuazione della tua idea di business presenterà dei momenti di *tensione finanziaria* oppure no. E potrebbe essere interessato anche a capire se hai pensato a qualche strategia per risolvere queste eventuali tensioni finanziarie che, nel momento in cui scrivi il business plan, non ci sono, ma che potrebbero manifestarsi in futuro. Proprio per questo motivo, quando inserisci anche il rendiconto finanziario all'interno del tuo piano economico-finanziario la tua credibilità cresce e, con essa, crescono le probabilità di ottenere quello che ti serve.

Credo sia inutile dirti che, in quei famosi "quattro fogli di carta pieni di errori e scritti anche male" di cui ti ho parlato in precedenza, il rendiconto finanziario non compare praticamente mai. Allo stesso modo, in quei "quattro fogli di carta" non compaiono i grafici, non compaiono ricerche di mercato vere e attendibili, non compare la SWOT analysis, non compaiono tutte le informazioni di cui ti ho parlato in questo libro. Di conseguenza, non compare nemmeno il rispetto di quello Schema Logico che è alla base del "Metodo Barbarisi" per scrivere il Business Plan Vincente® della tua idea di business.

La motivazione più frequente per colpa della quale una banca, una Pubblica Amministrazione o un potenziale partner finanziario rifiutano un finanziamento a un imprenditore è da ricercare in quello che hai appena finito di leggere: la mancanza di informazioni chiare, attendibili e credibili che siano esposte in un Business Plan Vincente® e convincente.

Fintanto che ci saranno imprenditori, aspiranti imprenditori e consulenti che continueranno a trattare il business plan della loro idea imprenditoriale come una "scocciatura" oppure come se fosse una cosa inutile e noiosa, alcune porte rimarranno sempre chiuse e le opportunità di fare business si scioglieranno come neve al sole. Il business plan dovrebbe diventare il biglietto da visita che qualsiasi imprenditore esibisce al mercato in ogni possibile occasione.

Per questo motivo, in questo libro ho voluto darti tutte quelle informazioni che nessuno ti dà e che sono necessarie per rendere più forte e credibile la tua idea di business. Come avrai sicuramente capito, e al di là dei miei spot pubblicitari, sia le banche che le Pubbliche Amministrazioni sono lì per fare gli interessi degli imprenditori e, in ultima istanza, del paese. In ballo ci sono la crescita e lo sviluppo della nostra economia nel suo complesso e la crescita del cosiddetto "benessere sociale". Per conseguire questo obiettivo, ci sono in ballo miliardi di euro destinati proprio alla nascita di nuove attività e alla crescita di attività già esistenti.

Il "C-Factor", come forse avrai capito, è il "Fattore-Competenza", il fattore decisivo di cui hai bisogno per aumentare le probabilità di ottenere quello che ti serve per trasformare una semplice idea in un business di successo. Il vero nemico da combattere è la disinformazione e io, da oltre vent'anni, sto combattendo una guerra personale contro la mancanza di informazione e contro la mancanza di quella "cultura d'impresa" così necessaria alla nostra classe imprenditoriale per fare un salto di qualità.

In questo libro ho voluto darti qualche chiave che ti permetterà di aprire molte porte e di trasformare una semplice idea nel tuo business di successo. Le opportunità ci sono, i soldi stanno solo aspettando di andare nella direzione di chi sa cosa deve fare per farseli dare con la forza delle sue idee, della sua creatività e della pianificazione. Io quello che potevo fare l'ho fatto, lo sto facendo e continuerò a farlo. Adesso tocca a te.

IL CAPITOLO 9 IN PILLOLE:

1) Il business plan è il biglietto da visita con il quale un imprenditore presenta se stesso e la sua azienda sul mercato. Proprio per questo, è considerato lo strumento più importante con il quale un imprenditore comunica ciò che vuole fare, della sua attività, nel futuro;

2) Utilizzare il business plan per verificare la **fattibilità** di un'idea di business significa dimostrare che l'idea "si può fare" e che, di conseguenza, "funziona" dal punto di vista del mercato, da quello economico e da quello finanziario;

3) La "**regola del 70/30**" è un principio secondo cui, quando un imprenditore vuole avviare una sua nuova idea di business e vuole essere considerato credibile da un potenziale finanziatore, deve immettere di tasca propria almeno il 30% dei capitali necessari per realizzare questa idea;

4) La **pianificazione strategica** è il processo in base al quale prima si stabiliscono gli *obiettivi* da conseguire, poi si prendono in considerazione i *mezzi* a disposizione e, infine, si stabiliscono le *strategie* migliori per raggiungere gli obiettivi;

5) Un Business Plan Vincente® elaborato secondo il "Metodo Barbarisi" deve presentare alcune caratteristiche fondamentali.

Infatti, per poter convincere anche il più scettico degli stakeholder, deve essere scritto bene e deve essere veritiero, coerente, obiettivo e razionale;

6) Lo Schema Logico su cui si basa il "Metodo Barbarisi" per scrivere il Business Plan Vincente® della tua idea imprenditoriale prevede la presenza di due parti fondamentali: la **parte "descrittiva"** e la **parte "tecnica"**. Se manca anche una sola di queste due parti non è possibile parlare di Business Plan Vincente®;

7) Nella parte descrittiva di un Business Plan Vincente® devi descrivere in cosa consiste la tua idea, come ti è venuta, come vuoi attuarla e quali sono gli aspetti di mercato che giustificano la sua realizzazione. Inoltre, è necessario descrivere anche gli aspetti produttivi e quelli organizzativi dell'idea;

8) Nella parte descrittiva del tuo Business Plan Vincente® è importante inserire anche l'analisi **SWOT**, ossia la matrice che ti serve per individuare i punti di forza e di debolezza della tua idea imprenditoriale e per mettere in luce le opportunità e le minacce presenti nel tuo mercato di riferimento;

9) La parte tecnica di un Business Plan Vincente® serve per "tradurre" in numeri tutto ciò che hai scritto nella parte

descrittiva e serve per dimostrare la fattibilità economica e quella finanziaria dell'idea;

10)   Quando scrivi la parte tecnica del tuo Business Plan Vincente®, è importante inserire i **grafici** poiché, così facendo, rendi la lettura (e la comprensione) del tuo progetto più facile da leggere e da comprendere.

Conclusione

Come ho anticipato più volte nelle pagine precedenti, ho voluto scrivere questo libro perché da oltre vent'anni sto combattendo una specie di guerra personale contro la disinformazione che c'è sia nell'ambito dell'argomento "finanziamenti alle imprese" sia nell'ambito dell'argomento "progettazione di un'idea di business". Argomenti che, come avrai sicuramente capito, sono legati indissolubilmente l'uno all'altro.

Non è possibile, infatti, ottenere un finanziamento senza prima aver fatto il Business Plan Vincente® della tua idea imprenditoriale seguendo il "Metodo Barbarisi". Allo stesso modo, non è sufficiente avere un buon progetto se, dall'altra parte, non si conoscono le "regole del gioco" necessarie per aumentare le probabilità di ottenerlo, quel finanziamento.

Sono le due facce della stessa medaglia le quali, messe insieme, concorrono alla creazione di quel "C-Factor" di cui ti ho parlato in tutto questo libro e di cui hai bisogno per aumentare incredibilmente le probabilità di ottenere ciò di cui hai bisogno per il futuro della tua impresa o della tua idea.

Fin troppe volte ho visto naufragare nel mare dell'ignoranza valide idee imprenditoriali che, se fossero state trattate con la dovuta attenzione e competenza, avrebbero fatto ben altra fine. Fin troppe volte ho ascoltato le leggende metropolitane messe in giro da chi, spacciandosi per "esperto della materia", ha messo nei guai i suoi clienti imprenditori facendosi pagare parcelle a quattro zeri e ottenendo, in cambio, un "nulla di fatto".

Non conto più le volte in cui sono stato contattato da imprenditori e aspiranti imprenditori che mi hanno chiesto di mettere le mani nei "business plan" (chiamiamoli così...) fatti da qualcun altro e che sono serviti solamente a far perdere tempo, occasioni e speranze all'imprenditore di turno. Ho dedicato un'intera vita professionale ad aiutare tutti quegli imprenditori e aspiranti tali che hanno avuto un'idea di business e hanno voluto trasformarla in qualcosa di reale, di fattivo, di produttivo. Li conosco bene, io, gli imprenditori. Io stesso sono uno di voi.

L'imprenditore è un "animale" strano. È uno che vive sul filo della sfida. È uno che fa delle sue stesse intuizioni la sua ragione di vita. È uno che immagina un futuro che ancora non c'è ed è disposto a quasi tutto pur di trasformarlo in realtà. È uno poco abituato ad arrendersi di fronte alle difficoltà che incontra sul suo percorso ogni giorno. È uno che ha trasformato il rischio nel suo pane quotidiano, nel suo compagno di giochi. Ed è uno che, con il suo lavoro, con il suo impegno e con la forza delle sue idee, ha deciso di trainare un carro molto più pesante della sua stessa azienda.

Per questo sono fermamente convinto del fatto che la nostra classe imprenditoriale debba avere a disposizione tutti gli strumenti necessari per fare quel salto di qualità così necessario per competere e vincere sui mercati. E il primo strumento di cui qualsiasi imprenditore ha bisogno per trasformare un'idea in realtà si chiama proprio "finanziamenti". O "soldi", se preferisci. Perché i soldi, come ti ho detto nelle pagine precedenti, sono la linfa vitale di qualsiasi attività imprenditoriale, sono il nutrimento necessario per far nascere, crescere e prosperare qualsiasi impresa.

Come ti ho detto e dimostrato nel corso della prima parte del libro, di soldi a disposizione per i nostri imprenditori ce ne sono una marea. Si tratta di decine di miliardi di euro che, però, sono fermi lì, in attesa che qualcuno vada a prenderli per fare quello "sviluppo" così necessario al nostro paese per portarlo, ancora una volta, nella posizione che gli compete nell'ambito dello scacchiere macro-economico mondiale.

Fino a pochi anni fa, l'Italia era la quinta potenza industriale del mondo; negli ultimi tempi, abbiamo perso alcune posizioni competitive nell'ambito di questa speciale classifica e siamo scivolati più giù, dalle parti della nona posizione. Sì, è vero: c'è (o c'è stata?) la crisi. Ma anche questo è un fenomeno che si è verificato "a parità di tutte le altre condizioni". Il che significa che la crisi c'è stata per tutti, non solo per il nostro paese. E, quindi?

E quindi la riposta è molto semplice ed è esattamente il "Fattore-Competenza" di cui ti ho parlato in tutto questo libro. *Perché, quando la corretta pianificazione di un'idea di business incontra le regole del gioco per poter essere finanziata, allora è possibile affermare che la vittoria è a portata di mano.*

Scrivendo questo libro ho voluto dare agli imprenditori come te alcuni strumenti operativi che nessuno ti dà e che nessun altro testo, manuale o guida pratica ti fornisce. Probabilmente avrai notato la mancanza di una bibliografia, la fonte "attendibile" dalla quale, di solito, un autore trae i suoi spunti. Non è una dimenticanza e nemmeno una disattenzione. In questo libro ho condensato trent'anni di esperienza nel settore dei finanziamenti alle imprese, della pianificazione economico-finanziaria del business e di rapporti passati a stretto contatto con gli imprenditori e con le loro idee.

So benissimo che, in qualche passaggio, posso esserti sembrato un po' duro, troppo rigoroso, a tratti irriverente e, forse, antipatico. Il fatto è che la **"questione soldi"** è l'aspetto più delicato della gestione aziendale e come tale deve essere trattato: con rispetto e considerazione. Fin troppi imprenditori, aspiranti imprenditori e consulenti improvvisati trattano l'argomento "soldi" con troppa superficialità e con poca attenzione, dimenticando proprio la cosa più importante: i soldi sono la benzina che fa andare avanti l'automobile. E, senza benzina, il viaggio è destinato a durare poco.

Come avrai certamente notato e capito, in ogni capitolo di questo libro ho parlato della tua idea di business, della tua impresa già operativa o di quella che vuoi far nascere e della tutela che, dal mio punto di vista, merita tutto ciò. Ho parlato dei tuoi soldi e delle regole del gioco che devi assolutamente conoscere per aumentare di molto le probabilità di ottenere ciò di cui hai bisogno, al fine di dare alla tua macchina la benzina necessaria ad affrontare un lungo viaggio.

Gli imprenditori, gli aspiranti imprenditori e gli startupper meritano tutta l'attenzione possibile e immaginabile, poiché rappresentano l'ossatura sulla quale sono basate l'economia e la competitività del nostro paese. Io ho dedicato tutta la mia vita professionale agli imprenditori, alle loro idee e alle competenze necessarie per portarle sui mercati e per svilupparle e, ovviamente, continuerò a svolgere la mia attività in ossequio alla famosa frase che ci disse il professor Giovannini alla fine del Master di finanza aziendale che ho frequentato nell'ormai lontano 1998.

Se ti è piaciuto questo libro e vuoi entrare in contatto diretto con me, se vuoi approfondire tutte le tematiche di cui ti ho parlato oppure hai bisogno di una consulenza personalizzata, puoi trovarmi qui:

http://www.giancarlobarbarisi.com

email: info@giancarlobarbarisi.com

recapiti telefonici: 06-688.91.958

whatsapp: +393791897329

Facebook: https://www.facebook.com/Giancarlo-Barbarisi-105875840782470/

Linkedin: https://www.linkedin.com/in/giancarlobarbarisi/